나와 당신의 시간

나와 당신의 시간

초판 1쇄 인쇄_2024년 2월 10일 | 초판 1쇄 발행_2024년 2월 15일
지은이_김민 · 김미성 · 김우현 · 도주은 · 박진아 · 이채은 ·
　　　　김현수 · 이은주 · 김재홍 · 윤희정 · 김영제 · 이경미 · 박기성 · 이순주
엮은이_김은숙
펴낸이_진성옥 외 1인 | 펴낸곳_꿈과희망
주소_서울시 용산구 한강대로 76길 11-12 5층 501호
전화_02)2681-2832 | 팩스_02)943-0935 | 출판등록_제 2016-000036호
e-mail_jinsungok@empal.com
ISBN_979-11-6186-148-7 43810
※ 책 값은 뒤표지에 있습니다.
※ 새론북스는 도서출판 꿈과희망의 계열사입니다.
©printed in Korea. | ※ 잘못된 책은 바꾸어 드립니다.

기숙사 고등학교의 아이들과 부모님의 공감스토리

나와 당신의 시간

김민 김미성 김우현 도주은 박진아 이채은
김현수 이은주 김재홍 윤희정 김영제 이경미 박기성 이순주
지음
김은숙 엮음

꿈과희망

교사 4년차… 국어 1정 연수 시쓰기 활동 시간이었다.

강사분께서는 하얀 A4 용지를 한 장 주시더니… 지금까지 살면서 자신을 가슴 뛰게 한 것들, 슬프게 한 것들 혹은 가장 기억에 남는 추억들 중 하나를 택해서 A4 용지 중앙에 적고 그것에 대한 마인드맵을 하라고 하신다. 시는 마냥 아름답고 멋진 말들로 예쁜 말들을 쓰는 것이 아니라, 가슴에서 가슴 뛰고 웅어리지고 추억되는 것들을 마음을 담아 쓸 때 그것이 정말 아름다운 시라고 생각하신다며…. 강사분께서는 각자가 하얀 백지에 쓴 그 단어를 제재로 시를 쓰라고 하신다.

나는 참 치열하게 삶을 살았다. 내가 무엇에 가슴 뛰고 행복한지도 모르고 그냥 열심히 악착같이 살았다. 그래서 가슴 뛰는 것들은 그 순간 1도 생각나지 않았다. 대신… 낱낱의 단어들이 이어져 하나의 의미가 되어 나에게 다가왔다. 가슴 속에 웅어리지고 슬픈 추억! 그리고 조용히 '아빠'라는 단어를 중앙에 덩그러니 적었다.

3시간 연강 수업이었다. 하지만 나는 '아빠'라는 2음절을 쓰고는 1시간 동안 아무것도 하지 못했다. 그리고 2교시가 시작되었다. 그러나 여전히 나는 아무것도 하지 못했다. 정확히는 아무것도 하지 못한 것이 아니라 그냥 단어 하나만 써 놓고 한 시간 내내 울기만 했던 것이다.

　그러자 강사분께서

　'선생님 괜찮아요. 괜찮아요. 어떤 이야기를 쓰든 상관없어요. 그리고 굳이 글로 쓰지 않아도 벌써 선생님께서는 마음 속으로 시를 썼다고 생각해요.'

　그 말에 나는 펑펑 울었다. 그리고는 내 마음을 들여다보기 시작했다. 아빠와의 추억, 아빠에 대한 감정, 그리고 갑자스러운 이별… 한 가득 A4 용지 한 장을 다 채웠고 한참을 내가 쓴 내용을 들여다보았다. 그리고는 내가 하고 싶은 말이 딱 하나였구나… 그것을 말하고 싶어서 이렇게 이렇게 힘들어했구나. 라는 생각이 들었다. 그리고는 시를 쓰기 시작했다.

　제목은 〈어느 못난 딸의 고백〉… '아빠는 세상에 너같이 무뚝뚝한 딸은 없다고… / 그럼 나는 세상에 아빠처럼 무뚝뚝한 아빠는 없다고… / 세상에 둘도 없는 무뚝뚝한 모녀지간인 아빠와 나'라고 시는 시작한다. 그리고

'아직 내가 말을 못했는데. 사랑한다고! 사랑한다고! / 하지만 딸의 목소리는 허공에 맴돌 뿐…'이라고 시는 끝난다.

연수가 끝난 후, 나는 그 시를 들고 아빠의 납골당에 가서 조용히 읽어 내려갔다. 그 동안 마음 늘 한 켠에 있던 응어리져서 순간 순간 내 숨을 막고 있던 그 무엇이 순간 풀어진 듯했다.

나는 이 일을 통해 글의 엄청난 힘을 온 몸으로 느꼈다. 글이란 녀석은 정말 대단한 녀석이구나. 국어교사로서 정말 제대로 된 연수를 받았구나. 그리고 그런 생각에 2009년 책쓰기에 첫발을 내딛으면서 내 나름대로 책쓰기를 통한 아이들의 마음 들여다보기, 성장에 목표를 두고 2023년 지금까지 책쓰기 활동을 이어오고 있었다.

하지만 2023년 이번에는 학생과 학부모의 책쓰기이다. 어렵다… 물론 학부모 책쓰기 강연도 많이 한 터라 학부모 책쓰기 자체가 어려운 것은 아니었다. 하지만 기숙사 학교의 특성상 학생과 학부모가 함께할 수 있는 시간 확보가 우선이었고 과연 엄마, 아빠 단 한 분을 선정해서 하는 책쓰기도 아닌 가족 책쓰기로 프로젝트를 진행하기까지는 많은 고민을 했다. 하지만 내가 경험한 글을 통한 성장을 이젠 가족으로 확대해서 선한 영향을 전달하고 싶었다. 그래서 1박 2일의 가족 책쓰기 캠프부터 진행했다. 나름 성공적이었다. 1박 2일 가족이 함께하는 학교 프로그램이 생소했지만 기숙사이기에 아이들과 소통할 수 있는 시간이 적어 오히려 더 적극적으로 참여해 주시고 관심을 가져 주셨다. 그렇게 포산고의 가족 책쓰기는 시작되었다.

가족 책쓰기! 그냥 각 가족 이야기들을 묶어서 만들어 내는 것이 아니라 한 권의 책으로 엮어내는 활동이기에 많은 부분 고민을 하게 되었다. 주제, 제재 선정, 책의 콘셉트 등. 학생 책쓰기 혹은 아빠 / 엄마 한 분만을 모시고 학생-부모 책쓰기와는 또 그 결이 달랐다. 하지만 결과보다는 과정에서 분명 더 많은 의미가 있을 거라 생각하고 시작했으니 초심을 잃지 말고 진행하자고 생각했다.

그냥 학생, 학부모 각자의 자신만의 이야기만 나열하면 과연 의미가 있을까 싶었다. 그래서 다시 한 번 책을 쓰는 목적을 생각하게 되었다. 가장 중요한 것은 책을 통한 아이와 부모님의 소통이다! 다시 한 번 책의 목적을 생각하고 소통의 여러 방법을 고민했다. 그리고 또 하나는 학생들의 활동에 부모가 거드는 것이 아니라 부모님들도 자신의 이야기로 이 책의 진정한 저자로 자리매김 할 수 있는 책이 되어야겠다고 생각했다.

기숙사 학교의 바쁜 일과 부모님들의 바쁜 일정에 결국 일요일 저녁에 모임을 진행하게 되었다. 14명의 학생, 학부모의 저자들을 한 책으로 엮어내려니 일단 학생, 학부모로 나누어 책을 구성해야 했다. 일반적으로 학생-학부모가 함께 쓰고 구성하는 방식이다. 식상했다. 하지만 소통이라는 점에서 분명 우리만의 콘셉트를 만들자라는 생각을 하면서 책 출판 협의를 이어나갔다.

우선 부모님들의 내용 생성을 위해 부모님들께 부모님의 꿈이 뭐냐고 물었다. 그랬더니 아이들이 공부 잘해서 원하는 대학교 가는 거요!" 하셨다. 그래서 "아버님. 어머님. 그게 아니구요. 아버님, 어머님의 꿈 말이에요. 자식들의 꿈 말구요. 부모님이 어린 시절에 원했던 꿈이나 아님 앞으로 원하는 삶, 꿈 말이에요."라고 했더니. 아무 대답을 못하시고 멍하니 계셨다. 그만큼 부모님들은 부모가 되고 나서는 자신이 원하는 삶은 잊고 살고 있었고 그냥 그렇게 살아왔던 것이다. 그래서 나는 자녀들의 꿈만 이야기할 것이 아니라 자녀들한테 부모님들의 꿈도 함께 공유하는 그런 책쓰기의 시간이 되었으면 좋겠다고 했다. 그래서 〈우리도 너희와 같은 시절이 있었단다〉, 〈그리고 우리는 아직 꿈이 있고 가슴 뛰고 있단다〉의 목차가 탄생하게 되었다. 이후 부모님들은 자녀들에 대한 사랑, 추억 등에 대한 소재에 대한 이야깃거리를 만들어내며 활발하게 목차를 논의하시며 훈훈한 분위기가 되었다.

반면

아이들 모둠 진행 상황이 궁금해 잠시 자리를 이동해 아이들 이야기를 듣기 시작했다. 한 아이가 우리 부모님은 본인이 다른 어떤 가정의 부모님들보다 개방적이고 세상 둘도 없는 MZ세대여서 자신을 너무 잘 이해하고 있다는 착각을 하신다는 말에 나머지 아이들이 모두 격하게 박수를 치며 아이편의 목차에 〈우리 부모님이 꼰대 같을 때〉라고 크게 적는다. 아! 난감하다… 순간 나도 꼰대구나…라고 생각했다. 나도 어른이었다. 어른의 입장에서 아이들이 어른이 생각한 아름다운 틀에서 이해하기만을 강요한 것이구나. 그래서 부모님들게 고자질했다. 부모님들게 "아이들이 부모님들 꼰대 같을 때라는 목차도 있습니다."라고 말씀드렸더니 부모님들도 웃으며 부모님들도 아이들이 TV 프로그램에 나오는 말 안 듣는 금쪽이 같을 때가 많다고 부모님도 한 번 써보고 서로 한 번 보는 건 어떻겠냐고 제안을 주셨다. 맞는 말이다. 감정을 상하라고 말로 싸우는 것이 아니라 이런 부분에 대한 것을 서로 또다시 글로 표현해서 소통하면 어떨까 하는 생각이 문득 들었다. 이것이 진정한 독자와 작가의 직접적 만남이 아니겠는가?!

이렇게 포산고 〈나와 당신의 시간〉이 출판되게 되었다. 나는 이 과정을 통해 우리 아이들과 부모님들에게 소통, 공감, 그리고 삶의 동반자로서의 삶의 가치를 좀 더 알아가길 바랐고 그것을 위해 노력하는 좀 괜찮은 교사라고 생각했다. 하지만 오만이었다. 이번 책쓰기 과정을 통해 내가 더 많은 것을 배웠다. 우리 아이들의 성숙된 마음 그리고 부모님에 대한 사랑이 이렇게나 깊었다는 것에 놀랐고. 또한 이런 아이들로 성장하게 한 우리 부모님들이 정말 훌륭하다는 생각을 했다. 내가 배워야 했다. 우리 아이들과 부모님의 글에 마음을 겸손히 하게 되었다.

책쓰기를 통한 끊임없는 자기 성찰 그리고 성장. 이것이야말로 진정한 책쓰기 지도 교사의 특권이 아닐까 한다.

실은 이 책은 어쩌면 나오지 못했을 수도 있다. 책 출판이 결정되고 너무 많은 힘든 일이 있었다. 심적으로 힘든 상황이었지만 끝까지 출판 일정을 온전히 마칠 수 있도록 밤샘 작업까지 감수하면서도 도와주신 꿈과희망의 김창숙 편집장님께 감사의 마음을 전하고 싶다. 이젠 저자와 편집장의 관계를 넘어 지기지우로 관계 맺음하게 한 것 또한 책쓰기의 힘이 아닌가 생각이 든다.

그리고

2023년 1년 동안 책쓰기의 가치를 믿고 끝까지 응원해 주시고 버팀목이 되어 주신 포산고 정광재 교감 선생님께도 감사의 마음 전하고 싶다. 부족하고 늘 실수투성이인 나에게 '책쓰기 김은숙 아니면 누가 하니? 정말 좋은 프로그램이다. 우리 아이들 복받았다'라고 말씀해 주시면서 쓰러질 때마다 온 맘으로 힘이 되어 주셨다.

그리고

너무 너무 고맙고 또 고마운 존재인 14명의 우리 학부모, 학생 작가들.

작가님들 덕에 많이 배웠습니다. 그리고 힐링했습니다.

2024년 1월 어느 따스한 겨울날
김은숙

섹션 1부
아이들의 이야기

/ 제1장 /
사실은…
저는 이런 아이랍니다

/ 제2장 /

우리는 이런 삶을 꿈꾸고 있답니다

/ 제3장 /

가끔 꼰대 같기도 하지만…

섹션 2부
어른들의 이야기

/ 제1장 /
우리도 너희와 같은 시절이 있었단다

/ 제3장 /
가끔은 금쪽이 같기도 하지만…

섹션 3부
나와 당신의 시간

239

아이들의 이야기

제1장

사실은…
저는 이런 아이랍니다

소외와 안식, 그리고 새로운 도전
(내성적인 나의 학교 생활 이야기)

김민(포산고 2학년)

    나는 내성적인 아이다.

    집 밖으로 나가면, 낯선 공간에 가서 낯선 사람들을 마주하면 더 내성적인 상태로 변했다. 처음 만나는 사람들로 가득한 상황이면 나는 다른 사람의 눈치를 보며 조용하게 가만히 있는다. 그래서 새로운 환경에 마주하는 것이, 어쩌면 힘들었던 것 같다.

    나는 친구들과 떨어져 혼자 포산고등학교에 오게 되었다. 고등학교에 입학한 첫날, 포산고등학교가 기숙사형 고등학교라서인지 모든 지역에서 학생들이 모였다. 어색하고 아는 친구가 아무도 없어서 빨리 하루가 지나가기를 빌었다. 학기 초, 첫 수업 시간 중 국룰인 자기소개는 그 무엇보다 싫었다. 제발 안 하기를 빌기도 했다. 나의 차례가 왔을 때, 반에 있는 모든 친구들의 시선이 나에게로 오는 것이 너무 부담스러웠다. 학교에서 급식을 먹을 때면, 눈치를 보며 누구보다 조용하고 빠르게 급식을 먹었다. 밥을 먹는데 친한 친구들도 없고 다 잘 모르니까 잘못한 것도 없는데 괜히 눈치가 보였다. 학기 초에는 쉬는 시간 10분을 보내는 것도 힘들었다. 기숙사형 학교 특성상, 학교 친구들과 주말을 제외하고 매일, 모든 것을 함께한다. 밥 먹는 것은 물론 씻고, 잠자는 것까지도 함께하기에 학기 초임에도 불구하고 반에는 벌써 친해져서 같이 다니는 친구들이 있었다. 하지만 나는 기숙사생들 사이에서 혼자 통학생이기에 친한 애들이 없었다.

나는 내성적인 성격이라 기숙사 생활이 어려울 거라 생각했다. 과연 기상송을 듣고 이른 시간에 일어날 수 있을까 등의 걱정 속에서 기숙사 생활을 하지 않기를 원했다. 그렇게 선택하지 않았던 기숙사가 처음으로 원망스러웠다. 기숙사의 걱정거리만 생각했지 기숙사의 장점들은 전혀 예측하지 못했기 때문이다.

기숙사에 사는 친구들은 볼 거 못 볼 거 다 보면서 하루하루 급속도로 친해져 가는데, 나는 집에 갔다가 다음 날에 학교로 가기 때문에, 내가 없는 사이에 기숙사에는 많은 일들이 일어났다. 통학생도 9시나 11시 30분에 하교하고 다음 날 7시 50분까지 등교를 해야 했기 때문에, 잠자는 시간을 제외하면 그렇게 많은 시간이 아니라 생각했는데, 학교 친구들은 그 적은 시간 동안 다양한 일들을 겪으며, 급속도로 친해졌다. 다음 날, 학교에 가면 친구들은 전날 기숙사에서 있었던 재밌는 이야기로 웃으면서 수다를 떨었다. 내가 모르는 재밌는 일로 이야기를 하는 친구들 사이에서 외로움을 느꼈다. 소외감이 느껴져 불안하기도 했지만 애써 모르는 척 스마트폰으로, 노트북으로 SNS에 들어가 게시물 구경을 하면서, 친구들의 눈치를 보며 어떤 이야기를 하나 엿듣기 일쑤였다.

그렇게 나는 학기 초, 친구를 사귀기 전까지 소외감을 느끼며, '나에겐 언제쯤 친구가 생길까?'라는 불안감 속에 하루하루를 살아갔다. 그래서인지 나는 학교 중 일과가 끝나고 집에 갈 때가 되면 숨통이 트이고 긴장이 풀렸다. 집에만 가면 고향에 찾아간 듯 마음이 편안했고, 숨통이 트였다. 그리고 어떻게든 하루를 끝냈다는 생각에 안도감이 들기도 했다. 또한 오늘은 또 내가 없는 사이 친구들이 어떻게 지낼지, 얼마나 친해질지 생각하며, 불안해했다. 학기 초, 불안함, 소외감 등 예민하고 스트레스를 받았던 나에게 조금이라도 안식처를 준 것은 가벼운 예능 프로그램이었다. 아무 생각 없이 예능 프로그램을 보며, 쌓였던 스트레스를 풀곤 했다. 물론 지금은 남자, 여자 할 것 없이 다 친해졌지만 말이다. 현재는 고3이다.

고3이다 보니, 일반 교육과정이 아닌 IB 교육과정을 수료하고 있는 나에게는 신경 쓸 것이 더 많았다. 물론 IB 교육과정에도 학생들에게 도움이 될 만한 것들이 충분히 있었다. 일반 교육과정을 하면서는 듣지 못할 과목들이 있었고, 수업 방식이 일반 교육과정과 달라 학생들에게 사고할 수 있는 시간과 방법이 더 많이 제공되었다. 수학을 할 때면, 어려운 문제를 푸는 것에 집중을 하지 않고, 수학 공식이나 원리에 집중하여 간단한 문제들을 풀어 나갔고, 국어는 선생님의 분석을 필기하는 것이 아니라 내가 직접 분석을 하고 그 분석한 것을 수업 시간에 발표하면서 친구들의 생각을 들으며, 선생님의 피드백을 받았다. 이처럼 수업하는 방식이 일반 교육과정과 다르듯 내신도 일반 교육과정과 달랐다. 중간고사와 기말고사를 치지 않고 수행평가로 대체하는 과목이 대다수이고, 일반 교육과정과 달리 내신이 등급으로 나오지 않고, 중학생 때처럼 A, B, C로 나왔다.

IB가 대한민국에 도입된 지 얼마 되지 않아 대입도 미지수가 많다. 수능의 선례는 많지만, IB는 많지 않다. 그래서 신경 써야 할 것들이 많다. IB 시험과 수능, 그리고 학교 안에서 이뤄지는 각종 시험과 수행평가, 보고서 등 해야 할 일이 많았고, 다 점수가 부여되다 보니까 내 머릿속은 시험이나 수행평가, 보고서, 발표 등으로 가득 차 있다. 하나도 빠트리지 않고 다 점수를 챙기고 싶지만, 시간이 부족해 어디에 중점을 두어야 할지 엄청난 고민에 빠져 있다. 어떻게 해야 할지 모르겠는 상황에서 누구에게 도움을 청해야 할지, 나에게 도움이 되는 조언을 찾기 위해서는 도움을 청해야 할지 아니면 내가 스스로 그 방법을 찾아야 할지 막막하다. 점수에 대한 부담감과 그에 대한 욕망은 큰데, 생기부나 CAS, EE 등과 같이 신경을 써야 할 것은 많고, 나에게 주어진 시간은 적어서 힘들다는 생각이 든다.

하지만 생기부나 수능, 대학에 대한 부분들에서는 엄마가 많이 도와주신다. 늘 고맙다. 엄마도 내가 첫째라서 모르는 것 투성이겠지만, 개인의 시간을 투자해서 나를 위해 공부를 하고 계신다. 엄마의 그런 모습에 한편으로 고맙고 한편으로는 미안하다.

더 아름다울 美

김미성(포산고 1학년)

　부모님이 생각하는 나는 어떤 아이일까?

　그리고 내가 생각하는 나는 어떤 사람일까? 나는 이 둘이 거의 비슷할 것이라고 생각한다. 부모님은 내가 모르는 나까지도 잘 아는 사람이다. 그래서 부모님이 모르는 내 모습은 무엇인지 잘 모르겠다.

　의외로 나는 공부에 대한 스트레스를 잘 받지 않는다. 부모님은 내가 학교에서 공부 때문에 스트레스를 받는다고 생각하신다. 그래서 한 번은 어머니가 아침에 나를 학교에 데려다 주셨는데 이후에 카톡이 왔다.

　"공부하느라 수고한다. 항상 힘내라."

　어머니가 이렇게 표현한 게 처음이었다. 부모님은 평소 표현을 잘 하지 않는다. 그런데 부모님도 속으로는 내 걱정을 많이 하고 있었구나 하는 생각이 들었다. 비록 우리가 잠시 동안 떨어져 있지만 항상 서로를 응원하고 있다는 사실은 변치 않는다. 내가 기숙사 고등학교를 가고 나서 부모님을 생각하는 마음이 더 커졌다. 그래서 전화나 문자를 종종 하려고 노력한다.

나는 평소 표현을 잘 하는 성격이 아니다. 내가 좋아하거나 싫어하는 것을 겉으로 드러내지 않는다. 이러려고 의도한 건 아닌데 대부분이 그렇게 느꼈다고 한다. 하지만 몇 년 전 표현을 잘 해야 한다는 깨달음을 얻은 건 한 친구 덕분이었다.

그 친구는 나와 정말 달랐다. 외향적이고 밝은 성격에 표현을 아주 기가 막히게 잘 한다. 그런 사람이 나에게는 정말 부담스러웠다. 그때의 나는 지금보다 더 소극적이고 듣기만 하는 사람이었으니까. 그런데 그 친구는 나에게 궁금한 이것저것을 물어보았다. 우리가 처음 대화하는 거라고는 생각하지 못할 만큼 수많은 대화들이 오갔다. 하지만 나는 잘 모르는 사람에게 곁을 내어주어도 되는지 계속 고민했다. 내가 평소답지 못하면 죽는 사람인 마냥 스스로를 옥죄었다. 적당히 선을 그을 줄 아는 사람인데 그러지 못하는 내가 한심하기도 했다. 그래서 그 이후로 몇 달 동안 그 친구를 밀어냈다. '수많은 사람 중 스쳐 지나가는 한 명이겠지.' 하며 밀어내기 바빴다.

그렇게 그 친구를 4개월 정도를 밀어내다가 2023년을 맞이했다. 나는 포산고등학교에 합격했다는 문자를 받았고, 고등학교에 잘 적응하기 위해 공부를 엄청 열심히 했다. 2023년 1월과 2월, 그 친구는 하루하루 보내기도 바빴던 나를 정말 잘 챙겨주었다. 그리고 내가 기숙사 고등학교를 간다고 했을 때 무덤덤한 나보다 더 슬퍼해 줬다. 그때 나에게 했던 말이 있다.

"너는 왜 이렇게 표현을 안 하냐?"

나는 친구를 바라보았다.

"네가 아무 표현을 안 하니까 나는 너무 속상하다."

그제야 깨달았다. 여태까지 나 편하자고 했던 행동이 이 친구에게 상처를 주었구나.

그 친구를 만난 이후 내 성격에 조금의 변화가 생겼다. 무엇보다 나는 솔직해질 필요성을 느꼈다. 나는 한 번도 솔직한 것이 좋은 것이라고 생각한 적이 없다. '솔직한 게 왜 좋아?' 그래서 내 감정을 숨기기에 급급했다. 내 감정을 하나하나 설명할 바에 고개 끄

덕끄덕하고 넘기는 게 낫다고 생각했다. 그러니 앞으로 이 친구 앞에서는 편해질 수 있겠구나 싶었다. 그래서 내가 몇 안 되게 고마움을 느끼는 사람이다. 함께 한 시간은 1년 남짓이지만 내가 고등학교 생활을 하는 데에 힘을 준 친구이다. 내 말을 정말 잘 들어준다. 처음에 나는

"왜 이렇게 공감을 안 해주냐?"

라고 하며 화내기도 했지만 그 친구만의 공감 방식에 이미 적응해버렸다.

부모님은 이 친구에 대해 잘 모른다. 이름만 몇 번 들어봤을 뿐. 하지만 한 번은 그 친구에 대해 말해 주고 싶었다. 나에게 부모님만큼 나를 생각해 주는 좋은 친구가 있다고. 나중에 시간이 된다면 소개해 주고 싶다. 물론 이 친구 말고도 좋은 사람들이 더 있다. 그 사람들에게도 지금의 나를 만들어주어서 고맙다는 인사를 전하고 싶다.

기숙사 고등학교에서의 내 모습은 내가 봐도 정말 재미없다. 1학기 때는 고등학교 생활을 온전히 즐겼다. 하지만 공부를 하면서 '역시 공부는 혼자 하는 게

맞구나.' 하는 깨달음을 얻었고, 공부만 하기에도 시간이 부족했다. 그래서 2학기 때는 공부만 했다. 그 속에서 점점 나를 잃어 갔다. 지친 몸과 마음 때문인 걸까. 집에 오면 하루 종일 쉰다. 한 번은 동생이 물었다.

"언니는 그렇게 잘 쉬면서 어떻게 공부도 잘 해?"

"학교에 있을 때 공부만 해서 그래."

나는 씁쓸히 웃으면서 대답한다. 기숙사 고등학교에는 쉼이라는 개념이 없다. 자고로 나에게 쉼이란 무조건 혼자 있어야 하는데 그게 쉽지 않았다. 그래서 어중간하게 시간 보낼 바에 그냥 공부를 한다. 공부하기 싫을 때도 있지만 어쨌든 지금 나이대에 해야 하는 일이기 때문에 즐기면서 하려고 노력한다.

이런 재미없는 나의 모습을 미래에 후회하지는 않을 것 같다. 언젠가 시간이 지나면 '그 사람들이 아니라 내가 맞았구나.' 하는 순간이 올 거라고 믿는다.

I'm fragile

김우현(포산고 1학년)

2023년 3월 초,

나는 내가 살던 동네를 벗어나 대구 달성군 포산고등학교의 기숙사에 정식으로 입소하였다. 처음에는 걱정보다 설렘이 더 컸다. 단순히 조기 독립을 하는 것 같아 그 상황 자체가 신기하고 좋았었다. 그랬었다. 그러나 점점 걱정이 심화되었다. 가장 먼저 내 시선을 사로잡은 것은 벽, 누리끼리한, 똥칠을 한 듯한, 된장을 바른 듯한, 벽. 뭐, 그깟까진 큰 문제가 되시 않았다. 어느 정도는 예상을 했다. 하지만 두 번째로 시선을 사로잡았던 침대는 문제였다. 비포 스쿨 때 선배에게 기숙사의 침대가 너희 나이보다 더 많다고 귀띔을 들었으나, 그 당시에는 반신반의했던 나였다.

'설마, 공공기관인데. 시설을 그렇게 유지할까?'

하지만 그것은 아주 조금의 과장이나 허구성이 없는 현실이었다. 2007년생인 우리보다 더 나이 많은 침대 프레임. 침대 커버를 끼우려고 그것 위에 올라가니 '찌걱! 찌걱!', '푸석!', '푸석!' 하는 두려운 소리가 나를 반겼다. 한 대 맞은 기분이었다. 허나, 아직 우리 포산고등학교 기숙사의 허점은 아직 다 드러나지 않았다. 짐을 정리하던 중 로션이 떨어져 침대 밑으로 들어갔었다. 로션을 찾기 위해 내 머리를 기숙사의 마루 바닥에 기대며 몸을 기울인 순간, 폐가에 쌓인 쓰레기를 보는 듯한 기분이었다. 언제 마신 것인지 감조차 잡히지 않는 물통들, 사막에서 얻은 것인지 물기 하나 없이 쩍쩍 말라버린 렌즈, 가지각색 각기 다른 빛깔을 뽐내는 과자와 젤리, 사탕 봉지들과 서로 엉겨 붙다 못해 결국 하나의 덩어리를 형성해 버린 듯한 먼지들과 기타 등등…. 놀랍게도 나는 아직 생활관의 이야기밖에 하지 않았다.

정말 놀라웠던 것은 샤워실이었다. 탈의실 선반은 코팅이 다 벗겨져 파티클 보드인지 MDF인지 모를 자신 본연의 모습을 자랑했다. 샤워실 내부로 들어가니 더욱 놀라웠던 것들도 많았다. 너무 뻑뻑해서 웬만

한 힘으로는 잘 닫히지 않는 문, 배수가 거의 되지 않아 사람이 2~3명만 되어도 여기가 샤워실인지 얕은 바다인지 분간이 쉽사리 되지 않게 하는 배수구, 중간 중간 빵꾸가 있거나 기형적으로 꺾여 있는 등 하자가 심각한 샤워 호스, 수용 가능 인원수에 비해 턱없이 부족한 수건 걸이, 졸졸졸 흐르는 낮은 수압. 마지막 화룡점정으로 정말 나를 자괴감 또는 막심한 후회로 만들었던 샤워 헤드 대용으로 쓰인 싱크대 수도꼭지. 분명히, 필연적으로 저 위 어딘가 세금 도둑이 있을 것이라는 강한 확신이 들게 한 대목이었다. 사람을 죽이거나, 큰 부상을 입게 만든 극악무도한 범죄자들이 수감된 교도소의 샤워 시설도 이곳보단 나을 것이라는 확신이 들었다. 나는, 앞으로 집에 있을 때와 같이 편안하게 취침 전 따뜻하게 데워진 전기장판이 선사히는 행복감과 피로 해소감을 느끼지 못한다는 사실이 안타까웠다.

　학교 생활에서도 힘든 점이 많았던 것 같다. 나는 사실 포산고등학교에 올 때 굉장히 부푼 기대감을 가지고 있었다. 입시 결과, 중학교 선생님들의 의견 등 내가 접할 수 있던 모든 정보들이 포산고등학교는 굉장히 공부를 열심히 하는, 흔히 말하는 '갓반고'이기 때문에 굉장히 빡셀 것이라고 가르쳐주고 있었다. 그러나 개학 첫날부터 그 바람 또는 소망, 기대는 무참이 깨져버렸다. 지각을 밥 먹듯이 하는 친구, 수행평가, 지필평가 등 각종 학교 생활과는 담 쌓은 친구, 하루 종일 엎드려 잠이나 자는 친구, 겉으로는 공부하는 척하면서 수업 시간마다 바짓가랑이 사이로 폰을 숨겨 딴짓하는 친구, 인류애가 가득하고 이타적인 모습 따위는 눈 씻고도 찾아볼 수 없는 굉장한 개인주의적인 친구, 매사에 불평불만인 친구 등. 내가 상상했던, 그렸던 모습과는 굉장히 거리감이 느껴졌다. 그래서인가, 뭔가 버림받은 학년이 된 기분도 들었다. 입학 설명회 때는 분명히 입학 부장 선생님이 자신들의 노하우로 뛰어난 커리큘럼을 유지할 수 있다고 자신하셨는데, 막상 까 놓고 보니 작년 선배들과는 확연히 다른 수준의 교재 선정, 교사와의 학습공동체 자체는 아예 1학년은 신청 불가 등. 시험 결과도 마찬가지였다. 선생님들께서는 이 정도 등급대면 '그래도 포산고등학교니까' 괜찮아. 라고 말씀하시는데 낮은 학년 전체 평균과 지나치게 큰 표준편차가 이를 반증하는 듯 보였다.

 기숙사부터 시험까지. 이것들은 나를 굉장히 불안하게, 또는 심란하게 만들었다. 중간중간의 다른 반과의 집단 말싸움, 반 내부에서의 갈등 등의 요소들은 불타 사그라들고 있는 내 열정이 더 빨리 타도록 부채질을 하고 있었다. 겉으로는 티를 별로 내지 않으려 노력하고 별일 아닌 듯 넘길 때도 많았지만, 마음 속 어느 곳에는 스트레스가 굉장히 쌓여 중학교의 생활이 그립기도 했고, 포산고등학교를 온 것이 후회되기도 했다.

 그러나 나는 다짐했다.

 "그냥 살자. 별 생각 없이."

 그 생각이 내가 1학기, 2학기를 지나 2024년 1월의 내가 될 수 있도록 만들었다.

나는 '경직된 아이'였다

도주은(포산고 2학년)

저녁 7시, 운동장을 채운 수많은 캐리어들. 기숙사 첫 입소 당시 생각나는 단편적인 장면이다. 한 번도 겪어보지 못한 인파에 당황했지만 이내 기숙사로 들어가는 줄에서 친구가 생겼고, 같은 방 친구들과도 금방 친해졌다. 얼마나 순식간인지 기숙사 입소 첫날 친구의 부모님이 써 주신 편지를 다 함께 읽다가 눈물바다가 되기도 했다. 게다가 매주 목요일을 간식 파티날로 지정해서 그날이 되면 보고 싶은 영화를 다운받아 같이 보거나, 밀린 이야기를 나누곤 했다. 다시 돌이켜보면 그때 그 순간만큼 소중하고 즐거웠던 기억은 없었던 것 같다.

그러나 우리의 행복은 오래 가지 않았다. 본격적인 수업이 시작되고, 수행평가가 휘몰아치며 늦게 잠드는 날이 많아진 것이다. 취침 시간이 늦어지자 정신은 점점 피폐해졌고, 기간이 겹치는 수행평가가 많아지며 피로는 쌓여갔다. 그러나 여기서 끝이 아니었다. 같은 방 친구가 기숙사에서의 스트레스로 인해 떠나게 되면서 나는 입학 첫날처럼 혼자가 되었다. 그 이후 묵묵히 버티어 보았지만, 왠지 모를 답답함이 지속되었다. 수업 진도도, 수행평가도 하나씩 잘 해냈지만 마음 한 켠에 응어리가 쌓이기 시작한 것이다. 처음에는 그 응어리의 출처를 알 수 없어서 엄마에게, 주변 친구에게 답답함을 이야기해 보았지만 응어리는 사라지지 않았다. 사라지지 않는 답답함에 담임선생님과 상담도 해보고, 학교 벤치에 앉아 소리 내어 울기도 했다. 눈물을 흘리는 그 순간에도 내가 힘든 이유를 알 수 없어 답답했다.

이러한 순간들이 무색하게 흘러 2학년이 되었고, 나는 이전보다 능숙하게 기숙사 생활을 해내게 되었다. 매일 아침 6시 20분에 맞추어 일어나 학교 갈 준비를 한 뒤 6시 40분에 조식을 먹었다. 이후 7시에 교실에 도착하여 꾸준히 아침 자습을 했고 수업을 듣고 난 후 1, 2자 시간에는 당일 복습을 끝내고, 심야 자습시간에는 학원 숙제 같은 추가적인 공부를 했다. 흐트러짐 없이 기숙사에 특화된 사람으로 변하게 된 것이다.

이렇게 기숙사에서 착실하게 지내는 동안에도 나는 1년 전의 마음속 응어리를 깨닫지 못했다. 하지만 익숙해진 기숙사 생활을 잠시 중단하고 겨울방학이 시작되었을 때 드디어 응어리의 출처를 알 수 있게 되었다. 응어리는 '혼자'라는 외로움과 친구들 사이에서 살아남기 위한 방어적 태도가 결합하여 만들어진 것이었다. 학교에서의 나는 굉장히 경직된 사람이었다. 처음에는 깨닫지 못했지만 부모님과 떨어져 24시간 경쟁 상태에 놓이며 마음을 놓을 순간이 없었고, 겉으로는 밝은 모습을 보여주었지만 속은 점점 곪아가게 되었다. 그나마 기숙사 생활을 버틸 수 있게 해준 룸·메이트마저 퇴소하며 외로움이라는 빈자리를 더욱 느꼈던 것 같다. 아이들은 서로에게 의지하는 듯하면서도, 한편으로는 견제의 태도를 갖추고 있었다. 함께여서 무뎌졌던 각자의 날카로운 부분이 혼자여서 더욱 예민하게 느껴졌던 것일지도 모르겠다. 하루의 일과를 끝내고 방으로 돌아와서도 마음을 놓을 수가 없었다.

"너는 모의고사랑 내신 영어 몇 등급 나와?"

"세계지리 이번에 몇 개 틀렸어?"

이런 질문에 둘러싸여 학업에 대한 부담감도 지속되었다. 여담으로 1학년 때 성적으로 아이들의 급을 칠판에 직접 적어나가던 친구의 모습을 보았을 때는 충격을 금치 못했다.

점점 쌓여가는 스트레스로, 나는 기숙사 학교 생활에서 살아남기 위해서는 두 개의 모드가 필요하다는 생각을 하게 되었다. 학교에서는 모든 것을 덤덤하게 지나쳐 보내자. 그냥 짜인 알고리즘에 따라 움직이는 로봇처럼. '아무 생각 없이 공부에만 집중하자.' 이런 모드로 말이다. 하지만 집으로 돌아오는 금요일 저녁부터 일요일 저녁까지는 원래의 나로 돌아오기로 말이다. 이렇게 생활하니 확실히 이전보다 상처받는 경우도, 힘들다는 느낌을 받는 경우도 줄어들고 효율적이라고 느꼈다.

그러나 두 개의 모드로 살아가는 시간이 늘어날수록 서로 다른 내 모습에 괴리감이 생겼다. 내가 내가 아닌 느낌이었다. 내가 좋아하는 것에 설레고, 순간의 영감을 소중히 여겨서 기록하기를 즐겨 했던, 솔직한 감정이 얼굴에 잘 묻어나던 내가 사라지는 느낌이었다. 그렇게 나는 '경직된 아이'로 살아가던 모습에 처음으로 '회의감'을 느끼게 되었고, 이러한 감정을 해결하지 못한 채 학기를 마무리하게 되었다.

겨울방학이 시작되고 학기 중보다 상대적으로 여유가 생기며 주말에도 엄마와 편안하게 대화를 나눌 수 있는 시간이 늘어났다. 학교 생활에 대한 스몰토크가 이어졌던 과거와 달리, 내가 좋아하는 것, 엄마가 좋아하는 것, 서로의 꿈 혹은 서로를 힘들게 했던 일들에 대한 이야기를 공유하며 내 마음을 꽁꽁 감추고 있던 커다란 벽이 부서지는 느낌이 들었다. 주변인들도, 그리고 나조차 알지 못했던 내면이 환히 보이기 시작하였다. 현재에는 응어리의 이름도 알 수 있게 되었고, 경직된 채 살아갈 수밖에 없었던 당시의 나를 이해할 수 있게 되었다. 나아가 솔직한 내 감정을 글로 표현하는 것도 쉬워졌다. 응어리의 출처를 찾아가는 과정을 써 내려감으로써 나와 같은 경험을 한 이들에게 위로와 함께 하나의 방식을 전해 주고 싶다.

당신만 그런 답답함과 힘듦을 겪은 것이 아니다.

곪아가는 마음을 덮어두면 당연히 그렇게 된다.

그러니 자신을 되돌아볼 수 있는 따뜻한 공간에서

돌아봄의 시간을 가져 보라.

한결 좋아질 것이다.

마냥 조용하지만은 않은 아이

박진아(포산고 1학년)

나는 내성적인 아이다.

좁고 깊은 친구 관계를 선호한다. 학기마다 그냥 조용히 지나갔으면 하는 마음밖엔 들지 않았다. 새 학기가 시작할 때는 화목하게 다 같이 놀다 한 해가 끝날 무렵에는 무리가 나뉘며 흩어지는 일이, 학년이 올라갈수록 점점 버거워졌다. 그래서 그런지 매번 초반엔 새로운 애들과 어울리다가도, 예전에 어울렸던 친구들과 같이 다니게 된다. 새로운 인간관계를 만들려 애쓰지는 않지만, 그래도 누군가 다가오면 친절하게 미소와 인사로 응대하려고 노력한다. 하지만 진정한 내 마음을 여는 데에는 시간이 오래 걸려 흔히 말하는 '진짜 친구'를 잘 만들지 못한다. 한 사람한테 마음을 열면 너무 그 사람에게 의지하고 믿는 경향이 있고, 그것 때문에 입은 상처도 한둘이 아니어서 그런지 나에겐 내 마음을 다른 사람에게 여는 것은 정말 쉽지 않은 일이다. 그래서 내성적이고 조용한 아이라는 수식어는 항상 나를 따라다녔다.

하지만 나는 사실 그렇게 조용하고 수줍은 아이가 아니다. 나는 진짜 친구, 진심으로 믿는 친구들과 함께 있으면, 같이 웃고 울어주며 공감도 잘해 주는 아이다. 심지어 내가 친구보다 말을 훨씬 더 많이 할 때가 더 많다. 그래서 그런지 친할 때와 안 친할 때의 차이가 이렇게까지 큰 아이는 처음이라는 말을 지겹도록 듣는다.

나는 상처를 잘 받는 아이다. 주변 사람들이 별 의미 없이 툭 내뱉는 말에도 상처를 쉽게 받는다. 심지어 내가 질문을 했을 때, 돌아오는 대답의 억양이 공격적이어도 상처를 받는다. 계속해서 덤덤한 척, 괜찮은 척을 하지만 마음 깊은 곳에 묵혀두며 살아가는 아이다. 그럴수록 나의 자존감도 함께 하락하였다. 고등학교에 올라온 지금은 좋은 인연들을 만나 점점 회복되고 있는 중이지만, 나의 중학교 3학년, 날마다 친구들의 눈치를 보며 살아가던 그 시절은 정말 힘겨웠었다. 갈등이 생겼을 때에는 일을 더 키우기 싫어, 간혹 잘못하지 않은 일에 사과하는 일도 많이 있었다. 그런 일이 있는 날에는 눈물을 혼자 훔치곤 했다. 이런 일들이 있을 때 부모님께서 상처를 주고 싶지 않아 말을 따로 하진 않았지만, 나와 함께 생활한 지 15년이 넘어서 그런지 부모임은 나의 행동, 표정만 보고 말하기도 전에 눈치를 채셨다. 그때를 생각하면 아직도 숨이 턱 하니 막히곤 한다. 내가 어떤 말을 해도, 어떤 행동을 하더라도 늘 자신을 의심하고 두려워했다. 그럴수록 상처는 더욱 깊어지고, 나 자신을 잃어가는 듯한 느낌에 시달렸다.

그러나 현재의 나는 예전과는 많이 달라졌다는 것을 느낀다. 좋은 인연들과 함께하면서 나의 상처들도 조금씩 아물며, 묵혀두었던 상처들을 하나씩 마주하면서, 그것들이 나를 강하게 만들고 있다는 것을 깨달았다. 고등학교 1학년 때에도 비슷한 사건이 하나 있었다. 누군가 나에 대해 좋지 않은 발언을 했는데 아무런 타격이 없는 것을 몸소 느낄 수 있었다. 오히려 주변 사람들이 나보다 더 그들을 원망하고 민감하게 반응했다. 과거의 그런 아픔들은 오늘날 동력이 되어 성장의 발판이 되어가고 있다. 하지만 상처를 받으면 오래간다는 것은 여전하다. 상처, 시련 없이는 성장을 할 수 없다는 말을 많이 들으면서 커왔지만, 그런 고비들을 이겨내기엔 아직 내가 너무 어리고, 경험이 없는 부족한 아이처럼 느껴지곤 한다.

나는 경쟁에서 이기고 싶은 마음이 큰 아이다. 다른 나라에서 태어났기에 이중 국적을 지녔고, 부모님 두 분 다 학벌이 뛰어나다는 이유로 항상 부러움을 받으며 컸다. 그런 대우들은 처음에 좋았다. 괜히 내가 좀 특별한 사람처럼 느껴지기도 했다. 하지만 시간이 지날수록, 그런 주변 사람들의 말들로 인해 나 자신도 모르게 계속해서 '나도 그런 사람이 되어야지.' 하는 강박과 부담감에 시달리게 되었다. 사람들이 하도 비교를 해서 어린 마음에 부모님이 미워져, 삐딱하게 행동한 적도 있었다. 평소에 잘 나가던 교회도 안 나가 엄마와의 싸움 빈도는 더 잦아졌고, 학원 숙제에는 손도 대지 않고, 눈길조차 주지 않았다. 학교 공부도 하는 '척'만 하며 매일을 친구들과 노는 데에 허비했다.

그런 인생을 살다, 중3 겨울방학에 정신을 차려보니, 안 좋은 물에 깊이 물들어져 있었다. 물론 공부를 잘하고, 열심히 하고 싶은 마음이 없었던 것은 아니었다. 사람들이 나에게 하는 말이 틀린 말도 아니었다. 하지만 그게 내 마음처럼 되지 않는 것 자체가 나 자신을 더욱 불안하게 만들었던 것 같다. 그래서 예전의 안 좋은 생활 습관을 고친 지금도, 나의 학업 수준을 평가하는 시험을 보러 갈 때면 엄마한테 버릇처럼 말한다.

"엄마, 나 진짜 못할 것 같아. 못 해도 뭐라 안 할거지? 그래도 최선을 다해서 치고 올게."

나는 불안해서 한 말이었지만 엄마는 상처를 많이 받았을 것이다. 엄마는 나를 믿고 도와줄 수 있는 것들은 가리지 않고 다 해주며, 지지해 주었는데. 하지만 엄마 또한 나의 성적을 단순히 나의 성적으로 보지 않고, 가족과 주변 사람들의 눈에 띄는 기준으로 여긴 점도 있었다. 이런 관점들이 우리 사이의 자잘한 갈등을 불러온 것 같다. 그 결과 순수하게 열심히 공부하려던 마음이 자연스레 갈등과 의심으로 바뀌어 갔던 것이다. 가끔은 의문이 들기도 했다.

'이 모든 것이 어째서 나에게 이렇게 중요하지?'

'무엇을 위해 나는 달려가고 있지?'

숫자와 등급 사이에서 나는 자주 무너지고, 그 무너짐은 가끔은 공부 자체를 밉게 만들기도 했다. 고난과 역경은 성장의 과정이라는 말은 들었지만, 그 속에서 계속해서 무언가를 잃어가는 느낌이었다.

하지만 난 칭찬에 무지 약한 사람이다. 이때까지 들으면서 자라온 칭찬들은 모두 내가 직접 얻어낸 것이 아니었다. 하지만 이번 칭찬은 달랐다. 하기 싫어도 최선을 다해 공부를 해보았는데, 아무도 몰라줄 것 같았던 나의 노력을, 1년이 지나도 반 아이들의 이름을 헷갈리시는 나의 고1 담임 선생님께서 알아봐 주셨다.

"너 2학기 성적이 많이 올렸더라. 요즘 왜 이렇게 열심히 하냐?"

그 몇 마디에 정말 뿌듯함을 느꼈다. 그 말을 들은 이후로 주위를 둘러보니 나를 응원해 주고 힘을 주는 존재들이 많았다.

그때 나는 다짐했다. 예전과는 다른 나를 만들어 가

겠다고. 나는 직접 노력해서 사람들의 부러움을 받는 사람이 될 것이다. 다른 사람들을 원망만 했던 과거의 나 자신을 미워하지 않고, 이해하고 받아들이며, 다른 사람들과의 경쟁이 아닌, 나만의 속도로 성장해 나갈 것이다.

미운 오리 새끼

이채은(포산고 1학년)

온 세상이 나를 부정하는 것만 같았다.

중학교를 벗어나 새로운 환경으로 나온 내가 당시에 느낀 감정이다. 고등학교에 입학하기 전, 선생님들과 친구들 모두가 입을 모아 말했다.

"너라면 고등학교 생활과 기숙사 생활을 분명 잘 할 거야."

나 역시 그렇게 생각했다. 그러나 현실은 그리 녹록지 않았다. 기숙사에서 생활하며 가장 힘들었던 것은 무엇이었을까? 내 주변에 정말 아무도 없다는 것이었다. 사실 우리 동네에도 기숙사 학교가 있다. 그런데도, 포산고에 온 것은 오로지 내 선택이었다. 친구들을 떠나 새로운 환경에서 살아보고 싶었다. 하지만 그런 상황이 닥치니 눈앞이 캄캄해졌다. 새 학년을 맞이할 때면, 같은 반에 아는 친구가 한 명쯤은 꼭 있었다. 하지만 고등학교는 달랐다. 우리 중학교에서 온 친구는 단 한 명뿐이었다. 나는 2층, 그 친구는 3층이었기에 학교 일과 중에 거의 볼 수 없었다. 정말 0부터 시작했던 셈이다.

가만히 있어도 다양한 소문들이 들렸다. 그중에는 누군가의 부정적인 이야기도 있었다. 타인의 입에 오르내리기 싫었다. 소문은 어느 집단에서나 무릇 있는 일이지만, 당시의 나는 홀로 적응하는 과정에 있었다. 그래서 평소보다 더욱 신경이 곤두서게 되었고 예민해졌다. 학교가 살얼음판처럼 느껴졌다. 작고 사소한 일에도 큰 상처를 받았다. 그래서인지 고등학교에 들어와서는 내가 만족할 만큼 공부를 제대로 해본 적이 없다. 아마 그동안 내가 학원에 의지했던 것과 바뀐 환경에 적응하는 것이 큰 이유였을 것이다.

나는 고등학교에 입학하기 전, 내 의지로 사교육을 그만두었다. 어차피 기숙사에 들어오면 학원에 있는 시간이 줄어들 테니까 말이다. 나는 충분히 주도적인 학습을 할 수 있을 것이라 생각했다. 그런데 그게 아니었나 보다. 내 생각보다도 훨씬 더 학원에 의지하며 공부하고 있었나 보다. 계획을 중시했던 나는 계획에 집착했다. 하지만 그 과정에서 저질렀던 실수가 너무 빡빡하게 계획을 설정한 것이었다. 계획을 다 완수하지 못하면, 스트레스를 받았다. 그래서 계획을 안 세워 보기도 했다. 근데 그것도 내게 적합하지 않은 방법이었다. 계획이 없으니 내가 덜한, 그리고 내게 부족한 부분을 파악할 방법이 사라졌다. 이렇게 나는 시행착오를 겪었다.

그리고 앞서 말했듯 또 다른 이유는 바로 변화한 환경이다. 우선 고등학교에 들어오면서 생긴 가장 큰 변화는 수행평가다. 중학교에서의 수행평가는 정말 평가 기준만 충족하면 됐었다. 그러나 고등학교에서의 수행평가는 "진로 연계"가 참 중요했다. 수행평가 주제를 설정하기까지의 시간이 배는 더 들었다. 또한 입시에 큰 영향을 미친다고 생각해서 죽기 살기로 매달렸다. 시험 기간에도 말이다. 그래서 정작 지필고사를 준비할 시간을 제대로 확보할 수 없었다. 시간 분배를 잘 못한 것이다.

생활 환경의 변화도 내게 참 컸던 것 같다. 나는 독서실이든 집이든 카페든 내가 그때그때 공부하고 싶은 환경에서 공부했다. 그런데 교실과 독서실에서만 공부해야 하는 변화로 조금 고생했다. 또 모든 일과 시간이 정해져 있는 것도 꽤나 힘들었다. 우리 학교에서는 기본적으로 12시~1시 사이에 취침하고 6시 20분에 기상해야 한다. 솔직히 같은 시간을 자더라도 그날그날의 컨디션이 달라서 더 일찍 자고 싶을 때도, 더 늦게 자고 싶을 때도 있다. 그런데 내 수면 시간을 내가 어떻게 조절할 수가 없었다. 예전에는 몰랐는데 수면은 참 중요했다. 수면이 그날 하루의 기분과 공부를 결정했다.

모두 날 응원하고 지지해 주는데 그 기대에 부응할 수 없던 내가 미웠다. 마치 내가 미운 오리 새끼처럼 느껴지기 시작했다. 내 자리가 아닌 것만 같았다. 스스로가 밉고 힘들수록 더 자주, 더 활짝 웃었다. 그렇게라도 하지 않으면 정말 무너져 내릴 것만 같았다. 이런 행동이 반복되다 보니 이제는 다른 사람들에게 나의 다양한 감정을 드러내기가 어려워졌다. 점점 슬픔, 고통과 같은 내가 겪는 성장통을 타인과 공유하기가 꺼려졌다.

하지만 예외는 언제나 존재한다. 내게는 그 예외가

엄마다. 내가 가장 믿고 의지하는, 그래서 더 소중한 우리 엄마에게 나는 가장 많은 감정을 보여주곤 한다. 시간이 지나 무덤덤해졌노라 생각한 일을 엄마에게 이야기할 때면 스스로가 당황스러울 정도로 감정이 북받쳐 올랐다. 단단한 모습을 보이고자 해도 결국 엄마 앞에서는 투정 부리고 눈물을 흘리는 한없이 초라한 나를 발견했다. 누구보다 나의 행복을 바라는 그에게 한없이 약해진 내 모습을 보여줄 때면, 그에게 참 죄송했다.

하지만 하늘이 무너져도 솟아날 구멍은 있었다. 새로운 환경에 적응해 보려 발버둥 쳤던 나날들이 절대 헛되지 않았다. 나는 서서히 적응해 갔다.

앞의 내용들만 본다면, 내 고등학교 1학년이 불행한 것만 같을 것이다. 하지만 내 고등학교 1학년은 내게 그 어떤 학년보다도 특별한 학년이다. 나시금 관계의 소중함을 일깨워 준 시기였기 때문이다. 우리 학교는 동아리 활동뿐만 아니라, CLE, 릴레이 특강, 학습 공동체, 철인삼종과 기숙사 등등 친구들 혹은 선배들과의 접점이 참 많다. 그 과정에서, 자연스럽게 나를 좋아해 주는 친구들과 선배들을 만났다. 서로를 놀리기도 하고, 달려와 꼭 껴안아 주기도 한다. 야자 쉬는 시간에 함께 운동장을 거닐기도 하고, 운동장에서 마주치기도 한다. 급식실에서 만날 때면, 웃으며 인사한다. 4시 10분에서 4시 30분, 그 짧은 청소 시간에 학교 근처 카페에서 음료수를 사 마시기도 하고, 학교 내 자판기에 가기도 한다. 때로는 공부에 대해 이야기하기도 하고 기숙사 시설에 대한 아쉬움을 토로하기도 한다. 이토록 소소한 시간들의 소중함을 깨닫게 되었다. 그리고 기숙사 친구들과 선배들이 주는 연대감과 진심 어린 애정이 다시 나를 조금씩 회복시켰다.

시간이 흘러서, 나는 내 학습법에 대한 개선점을 파악해 갔다. 그리고 학교에서의 일상에 완벽히 적응해 나갔다. 이제 내게 불안감을 준 요소들, 그것들은 내게 아무런 영향을 주지 못한다. 그것들은 나를 한층 더 성장시켰다.

"나를 죽이지 못하는 고통은,

나를 더욱 더 강하게 해줄 뿐이다."

그 말이 정말이었다. 나는 스스로와 주변 사람들 덕분에 미운 오리 새끼에서의 삶을 벗어났다. 이제 백조로서의 삶을 준비하고 있다.

제2장

우리는
이런 삶을 꿈꾸고 있답니다

내 삶의 방향성

김민

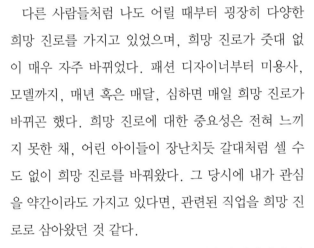

다른 사람들처럼 나도 어릴 때부터 굉장히 다양한 희망 진로를 가지고 있었으며, 희망 진로가 줏대 없이 매우 자주 바뀌었다. 패션 디자이너부터 미용사, 모델까지, 매년 혹은 매달, 심하면 매일 희망 진로가 바뀌곤 했다. 희망 진로에 대한 중요성은 전혀 느끼지 못한 채, 어린 아이들이 장난치듯 갈대처럼 셀 수도 없이 희망 진로를 바꿔왔다. 그 당시에 내가 관심을 약간이라도 가지고 있다면, 관련된 직업을 희망 진로로 삼아왔던 것 같다.

하지만 학교가 바뀌고, 학년이 점점 올라가면서 나의 진로 선택의 중요성이 더 커져만 갔다. 진로 선정에 대해 담임선생님과의 1:1 상담까지 하게 되었기 때문이다. 그때야 진로에 대해 진지하고 깊게 생각하기 시작했던 것 같다. 희망 진로를 선정하고 그에 맞는 과목을 선정해야 할 시기가 왔으며, 성적이 정말로 중요한 시기가 왔다. 과목 선택, 성적, 생기부 활동이 내 미래의 대학을 좌지우지하기 때문이다.

나는 어떤 것을 좋아하는지, 무엇을 하는 것을 가장 좋아하는지, 무엇을 가장 잘하는지 등에 대해 생각을 하면서, 나의 희망 진로를 정하기 시작했다. 아주 중요한 것은 알지만 신중하고, 선택을 잘 못하는 나의 성격 때문에 많은 고민과 각오가 필요했다. 그렇게 깊은 고민을 통해 나온 희망 진로가 '방송 PD'였다.

사실 나의 성향과 방송 PD가 멀다고 느껴졌었다. 내향적인 성향을 가진 내가 수많은 사람을 만나 대화를 하고 "이렇게 해주세요. 저렇게 해주세요."라는 요구, 부탁과 1차 2차 등 최종 결과물에 대한 냉정한 피드백 등을 해야 하며 총대끼지 메야 하는 직업인 방송 PD를 과연 잘할 수 있을지에 대한 고민도 했다. 하지만 내가 '방송 PD'라는 직업을 하고 싶다는 생각이 든 결정적 계기는 '즐거움'인 것 같다.

내성적인 성격을 가진 내가 PD라는 직업을 꿈꾸게 된 이유는 내성적인 성격을 가진 탓에 나는 외부나 어색한 공간에 있을 때, 하고 싶은 것들이 있어도 하지 못한 것들이 많았고, 미련하게 말도 잘하지 못했다. 이것이 나에게는 생각보다 큰 스트레스였다. 그런데 이런 나의 성격적 스트레스를 예능 프로그램의 웃음 포인트들이 해소시켜 주었다. 또한 다음 날을 열심히 보내자는 다짐을 할 수 있게 해주었고, 그에 대한 에너지를 주었다. 그리고 예능 방송 프로그램은 나에게 큰 위안이 되어 주었다. 슬플 때 보면, 잠깐이라도 그 슬픈 감정을 잊게 해주었고, 지친 하루를 보듬어 주었다. 방송국에서 일하시는 분들이 만든 예능 프로그램을 보며 내가 하루의 일과를 살아가면서 받았던 스트레스를 해소할 수 있었고, 예능 프로그램을 보는 순간 아무 생각하지 않고 모든 것을 잊고 행복하게 웃으며 즐길 수 있었다.

그렇기에 내가 예능을 보며 얻었던 수많은 긍정적인 에너지들을 나와 같은 사람들은 물론 긍정적인 에너지가 필요한 모든 사람들에게 다시 보답하고 싶다는 생각이 들었다. 그래서 방송 PD라는 직업을 꿈꾸게 된 것 같다. 어린 시절 나에게 즐거움을 주었던 예능처럼 나도 방송 PD가 되어 예능 프로그램을 만들고, 그 예능으로 시청자들에게 웃음을 주는 사람이 되고 싶다. 하루 혹은 일주일 동안 쌓였던 피로와 스트레스를 잠시나마 풀 수 있는 예능 방송 프로그램을 만들어 사람들에게 즐거움을 선사해 주고 싶다. 대화가 적은 가족들이 내가 만든 예능 프로그램을 보고 재밌다며 수다를 떨게 만들고 싶고, 어색한 가족 사이를 변화시켜 다정다감하고 친근한 가족 사이로 만들고 싶다. 재밌는 방송 프로그램을 만들기 위해 힘든 싸움을 벌이고, 힘들게 하루고 한 달이고 보낸 후, 들려오는 좋은 후기에 뿌듯함을 느껴보고 싶다.

미래의 나는 돈을 많이 벌지 못하더라도 행복을 누리며, 취미 생활도 하고, 하고 싶은 거 하면서 살고 싶다. 만약 내가 예능 방송 PD가 되지 못하더라도 사람들에게 힘이 되는 방송을 제작하고 싶다. 지친 사람들에게 힘이 되는, 위안이 되는 그러한 방송을 제작하여, 하루하루 살아가는 데 힘이 되고 도움이 되는 방송을 제작하고 싶다. 또한 그냥 생활 그 자체를 보여주는 방송을 제작하고 싶다. 주말에 가족이나 친구와 지내다가 "아! 우리 00 볼까?"라는 말이 나오는 방송 프로그램을 제작하고 싶다. 볼 거 없을 때도 보고, 할

거 없을 때도 보고, 아무것도 하기 싫을 때도 그냥 틀어놓고 보는 그러한 방송을 제작하고 싶다. 또 시청자들이 먼저 찾아보게 되고, 방송에 중독되어 다시 찾아보고, 방영할 시간대가 되거나 친구들, 지인들과 만났을 때, 무조건 보게 되는 그러한 방송 프로그램을 만들고 싶다.

민아, 넌 할 수 있어!

파이팅!!

시작은 미약할지언정 끝은 창대하리

김미성

어머니께서는 내가 서울에서 살기를 바란다. 어머니 또한 20대를 서울에서 바쁘게 보냈고 그 경험이 의미가 있다고 한다. 서울에서 사는 게 힘들지 않을까. 내가 보는 나는 아직 부족하다. 경험도 부족하고 생각할 수 있는 범위도 넓지 않다. 그래서 서울에 가서 대학 생활을 하고 일을 하고 싶다. 무작정 많은 사람을 만나보는 게 의외로 도움이 되고 나를 급격하게 성장시킬 거 같다. 여러 아픔과 상처를 경험하면서 스스로 치유하는 능력을 길러 나의 내면이 정말 강해질 것이다.

생각보다 나는 단단하고 강한 사람이었다. 주변 사람들의 말을 통해 알게 되었다. 사람들이 나에게 하는 말을 들어보면 내가 대단한 사람인 마냥 좋은 말을 막

한다. 그러나 나는 내 자리에서 최선을 다할 뿐이다. 그게 내가 할 수 있는 최선이다.

나는 의미 있는 일을 오래오래 하고 싶다. 어쩌면 그게 내가 태어난 이유라고 생각한다. 지금 나에게 의미 있는 일은 현대 사회의 복잡한 문제를 해결하는 것이다. 내가 사는 이 세상이 어떤 원리로 돌아가는지, 그 속에서 사람들은 어떤 방식으로 살아가는지 궁금하다.

그걸 가장 가까이서 볼 수 있는 직업이 법조인이라고 생각한다. 법조인이라는 직업을 처음으로 알게 해 준 분은 아버지다. 아버지께서는 나의 차분하고 침착한 성격이 법조인과 잘 맞는다고 하신다. 사실 나도 그렇게 생각한다. 나는 활발하고 얼렁뚱땅한 성격이 아니다. 그래서 이 직업을 초등학교부터 고등학교까지 쭉 끌고 왔다. 친구들에게 법조인을 꿈꾸고 있다고 하면 "잘 어울린다."나 "말을 조곤조곤 하는 게 너와 잘 맞을 것 같다."라는 반응을 보인다. 그런 반응들을 보면 내가 나의 인생을 잘 살아가고 있다는 생각이 든다. 지금 고등학생인 나는 막연히 꿈만 꾸는 상태이다. 여기서 내가 법조인이 되기 위해 더 할 수 있는 건 없을까 고민한다. 지금은 계속해서 고민하는 단계이다.

만약에 법조인이 되었다면, 그때의 나는 무엇을 하고 있을까? 예전에 아버지께서 법조인을 몇 년 정도 하면 경감으로 진급할 수 있다는 말씀을 해준 적이 있다. 법조인에서 경찰로 넘어가는 길도 나쁘지 않다고 생각한다. 어쨌든 두 개의 직업 모두 비슷한 계열이기 때문이다.

내가 어느 정도 인생을 살고 나면 누군가를 가르치는 일을 하고 싶다. 바로 수학 선생님이다. 내가 가장 좋아하고 잘하는 과목이 수학이기 때문이다. 어렸을 때부터 나는 내가 다닌 학교와 학원 수학 선생님들을 존경했다. 하지만 고등학교에 올라와 고민 끝에 결국 문과를 선택하였고 그 꿈은 접은 거나 마찬가지이다. 하지만 가르치는 일만큼 의미 있는 것이 없다. 나는 교육자가 대단하고 또 멋있다고 생각한다. 자신의 의견을 자유롭게 얘기할 수 있기 때문이다. 내가 선생님이 된다면 나와 같이 평범한 학생들이 내 말을 듣고 생각을 바꾸게 되는 계기를 가지기를 바란다.

　작가라는 직업 또한 멋있다고 느낀다. 무슨 말을 써도 용서가 되는 직업, 책을 통해 내 추억을 기록하고 내 경험에서 우러나온 말을 세상에 맘껏 하고 싶다. 내가 말솜씨가 없긴 하지만 그조차 내 일부분이니 괜찮을 것이다.

　나는 나이가 들어 아줌마, 할머니가 되었을 때 무엇을 하며 살아야 할까에 대해서도 생각한다. 어렸을 때 나는 엄청 열심히 살았는데, 할 수 있는 게 아무것도 없다는 걸 깨달을 때는 무척 허무함을 느낄 것 같다. 그래서 엄마에게 말했다.

　"엄마, 나는 나이가 들어서도 계속 일을 하고 싶은데 안 될 것 같아."

　"나이 들었는데 무슨 일을 해. 이제는 편안한 곳에서 쉴 거야."

　엄마의 대답이 약간 의외였다. 이렇게 보면 엄마와 나는 가치관이 정말 다르다. 나도 나이가 들면 쉼이라는 가치관을 갖게 될까?

나이가 들어 사는 곳은 지금 18살의 내가 살고 있는 동네와 비슷했으면 한다. 일단 키가 큰 나무들이 많았으면 한다. 자연을 그렇게 좋아하지는 않지만 키 큰 나무들을 보면 기분이 좋아진다. 그리고 사람이 많이 살지 않았으면 한다. 식당, 학원, 학교 등 있을 건 다 있지만 조용하고 아늑한 동네에 살고 싶다. 조용하게 내 시간을 보낼 수 있는 곳에서 살고 싶다. 이렇게 보면 대구라는 지역이 나에게는 전부이다. 내가 살아온 동네라 그런지 정이 있고 추억이 너무 많다. 그 추억을 회상하면서 힘을 얻고 미래를 그려 나간다.

김미성이라는 사람이 성공했다는 기준은 아직 명확하지 않다. 내 인생에서 가장 중요한 건 사람이라는 존재이다. 지금 내 곁에 있는 사람들이 나에게 모두 소중하다. 정말 없으면 안 되는 사람들이다. 하지만 미래에 내 곁에 있는 사람들은 또 달라질 것이다. 그냥 내가 가는 길 옆에는 항상 사랑하는 사람이 있었으면 한다. 너무 큰 희망일 수 있지만 유일하게 바라는 것이다. 지금보다는 많은 것을 얻은 상태에서 사람들과 더 많은 것을 누리고 즐기고 나누고 싶다. 특히 이때까지 내가 잘 자랄 수 있게 도와준 주변 사람들과 내 행복을 함께 느끼고 싶다. "여러분 모두 각자의 삶을 살아내느라 수고했다."라고 말할 수 있는 사람이 되고 싶다.

I'm antifragile

김우현

   굉장히 쉬우면서도 어려운, 역설적인 질문이다. 결론부터 말하자면

   내겐 "꿈이 없다."
   정말로 정말로 나에게는 진정한 의미의 꿈이 없다.

   중학교 생활을 끝내고 가장 허무했던 것은 목표 없는 삶을 살아왔다는 것이다. 상위권이었던 성적은 나를 더 울적하게 만들었다. 정말로 나는 왜, 무엇을 위해서 공부를 했는지 알 수 없었다. 주위를 둘러보니, ♧♧연 친구는 헤어디자이너가 꿈이었고, ♡♡빈 친구는 자동차 엔지니어가 꿈이었으며, ♧♧몬 친구는 사장님이 꿈이었다. 그러나 김우현 나는 꿈이 없었

다. 그것은 지금도 매한가지이다.

　나를 이렇게 만든 것은 어른들 때문인 것 같다. 초등학교 1학년 때만 해도 나는 허황되었으나 꿈이 있었다. 대통령. 그냥 단순하게 대단하고 멋진 직업으로 보였다. 그러나 2학년 때부턴 꿈이 부질없게 느껴졌다. 2학년 때 나는 장래 희망으로 '환경 미화원'을 적었다. 환경 보호를 위해 거리를 정비하고 쓰레기를 치우는 그 작업이 대단해 보였기 때문이었다. 그리고 나서 어느 날, 담임선생님께서 내 꿈이 '환경 미화원'이라고, 가정에서 확인해 달라고 하셨다는 엄마의 말을 들었다. 그때부터 나는 뚜렷한 꿈이 없었다. 그냥 꿈이 뭐냐는 질문을 들었을 때, 생각나는 '의사', '과학자', '프로게이머', '정보 보안 전문가' 등으로 둘러대고 있었을 뿐이었다. 학교에선 우리의 이런 나름의 고뇌도 모르고 진로 시간에 아무런 의미 없는 관련 영상을 틀어주거나, 마술 공연을 보여주는 등의 알맹이 없는 교육을 했을 뿐이었다.

　나의 꿈 없는 삶은 지금까지도 이어졌다. 지긋지긋한 '학종'을 위해 진로를 확정하라고 강요받는 이 순간에도 나는 그냥 '보건 계열'이라는 두루뭉술한 꿈을 갖고 있을 뿐이다. 아무리 생각해도 진짜 하고 싶은 것이 없는 것 같다. 소방관, 판사, 검사, 배관공, 용접공, 보육교사, 사업가, 주식투자가, 은행원, 공무원, 미용사, 청소부, 피부관리사, 인터넷 방송인, 방송국 PD, 생명공학자, 대학교사, 고깃집 아르바이트, 목사, 무당, 아이스크림 감식가 등등 굉장히 많은 직업들을 머릿속으로 알고 있고, 진로 시간 또는 인터넷 검색을 통해 각 직업이 하는 일, 각 직업별 특성 등을 잘 알아볼 수도 있지만 그중에서 정작 내 가슴을 콩닥콩닥 뛰게 하는, 내 열망을 콕콕 자극하는, 매력적인 직업을 찾는 것은 무지 어렵다. 그냥 돈 잘 벌고 사회적으로 어느 정도 인정 받으면서도 고용 안정성이 다른 직업들과 비교하였을 때 비교적 뛰어난 직업인들이 다수 속해있는 '보건 계열' 중에서 대충 성적대 맞춰서 맞는 직업을 희망하고 있는 중이라고, 대충대충 되는 대로 답할 뿐이다.

통탄을 금할 수 없다! 얼마나 갑갑한 상황인가? 내가 어떤 삶을 그리고 있는지에 대한 구체적인 모습 또는 그에 대한 고민을 서술해야 하는 이 2부를 이런 상황에선 완성도 있게 글을 쓸 수 없다는 것을 잘 앎에도 불구하고 가장 고전하고 있다는 이 안타까움은 이루 형용할 수 없다. 이와 비슷한 맥락에서 나 자신이 가끔은 너무 한심하게도 느껴진다. 무엇을 위해 이 삶을 살고 있는지. 과연 이렇게 아무런 꿈을 가지고 않고 그냥 닥치는 대로 하다가, 아무런 애정이 가지 않는 아무런 대학교에 진학한 후, 아무런 회사에 취직해서 아무런 사랑을 만나고, 아무런 가정을 꾸려 지구약 80억 인구 중 한 명의 아무런 가족의 가장 김 모씨로서 아무렇게나 살게 되는 것은 아닌지⋯ 문득 불안해지기도 한다. 두렵다라고 표현하는 것이 맞을지도 모르겠다. 어떤 사람들은 꿈을 찾기는 시간이 많이 흐른다고 해도 쉽지 않으니, 너무 조바심 갖지 말고 지금 해야 할 일부터 하라는 둥 위로 아닌 조언을 하기도 하지만 음⋯ 이 말을 들어도 그냥 뭔가 꿈이 있어야 할 것 같은 압박감과 불안감은 사라지지 않는 것 같다.

나는 유튜브, 블로그 등에서 크게 연봉 수준이 높지도 않고, 사회적으로 인정 받는 직업도 아니면서, 그리 특별해 보이지도 않는. 흔하디 흔한 직업을 가진 사람들이 멋지고 바람직한 직업 의식과 마음가짐을 가지고 근면성실한 모습으로 하루하루를 힘차게 살아

나가는 모습을 가끔 보곤 한다. 그런 것들을 보면 적어도 나한테는 그런 모습을 가진 사람들이 너무나도 존경스럽고 대단해 보인다. 뭐, 사실 꿈이라는 게 특정하고 구체적인 어느 것이 될 필요가 있겠는가? 나는 그렇지 않다고 생각한다. 나는 그냥, 그냥, 훗날 이 굴레에서 벗어나서, 내가 정말 원하고, 가슴 뛰는 일을 찾는 데 성공하고, 하루하루 목적을 이루며 저 사람들처럼 비록 그 원천이 소소하고, 때론 보잘것 없어 보이는 곳일지라도 하루하루 뿌듯함과 성취감을 얻으며 성찰하고 꾸준히 성장해 나가는 삶을 살고 싶다는 생각밖에 없는 것 같다. 비록 세상의 풍파가 모질고 거칠지라도, 주변인들이 아무리 나를 힘들게 하고 이용해 먹더라도, 단단한 내면을 가지고 살고 싶다는 생각밖에 없는 것 같다.

나는 '메시지'를 전하고 싶다

도주은

어릴 때부터 현재까지 나는 수많은 꿈을 가졌다.

발레리나, 피아니스트, 싱어송라이터, 화가, 작가 등등을 거쳐 현재는 애니메이션 감독으로 정착했지만, 이러한 직업들이 지니는 공통점을 집어내자면 아마 '메시지'를 전하는 것이라고 할 수 있겠다. 왜인지는 잘 모르겠지만, 나는 내가 가진 기억, 혹은 경험을 토대로 깨닫게 된 점을 춤, 글, 그림 등과 같은 매체를 통해 타인에게 전하는 설렘을 좋아한다. 이러한 설렘을 느끼게 된 것은 아마 '씀'이라는 앱에서 글을 업로드하면서부터인 듯하다.

나는 9살 무렵부터 독서논술 학원에 다니기 시작했다. 처음에는 엄마의 입김 때문에 시작했는데 시간이 지날수록 책을 읽고, 수많은 질문들에 대해 고민하고 답하고, 선생님과 이야기를 나누는 시간을 좋아하게 되었다. 그래서인지 자연스레 '씀'이라는 앱에 관심을 가지게 되고 사람들과의 교류도 시작되었다. 매일 3번 다르게 주어지는 주제들에 자유롭게 답하고 다른 사람들의 글을 읽어보고, 코멘트를 남기고 '담아가기' 하는 그 순간이 너무나 설레고 붕-뜨는 기분이 들었다. 가끔은 음악과 함께, 어떨 때는 카페에서 친구와 이야기를 나누다가, 혹은 학원을 마치고 돌아오는 지하철 안에서 갑자기 영감이 떠오르면 자연스레 '씀'에 방문하게 되었다. 일정 기간이 지나니 이러한 글 조각들을 그림으로 나타내고 싶다는 생각이 들기 시작했다. 나는 평소 꿈을 자주 꾸는데 보통 판타지스러운 요소-내 작품을 만든다면 꼭 활용하고 싶은 스토리 라인 혹은 장면을 지닌 꿈-를 지닌 경우가 많아서 꿈 일기를 쓰는 경우가 잦다. 내 꿈의 의미가 무엇일까 생각해 볼 수도 있고, 꿈이 점점 흐려지기 전 기록해 두는 것이 습관이 돼서기도 한 것 같다. 아무튼 평소 영감을 기록해둔 글 조각들과 꿈 일기의 아이디어들은 글로만 있기에 너무 아깝게 느껴졌다. 글의 고유함이 어느새 나에게는 약간의 한계점으로 느껴졌고 그래서인지 글에서 그림으로 관심이 더 넓혀지게 되었다. 처음에는 사람을 그리기도 서툴렀지만 그림을 그리는 날이 늘어날수록 어느새 나는 내가 표현하고자 하는 것을 그림에 담을 수 있는 실력이 되었다.

그러다 중학교 2학년 때, 우연히 유튜브 알고리즘에 의해 뜬 'Der Wahn'라는 한국애니메이션고등학교의 졸업작품을 접하게 되며, 글을 쓰기 시작한 때의 두근거림을 느끼게 되었다. 음악과 박자에 맞추어 변화는 수많은 장면들과 신비로운 색감, '우리가 감각하는 세계는 현실이 맞는가?'라는 추상적인 질문을 던지는 기획 의도에서 설렘과 희열을 느꼈다. 순간의 장면을 기록한 듯한 그림에서 이야기를 가진, 움직이는 장면들의 연속을 만들고 싶어진 것이다. 그래서 나는 애니메이션에 관심을 가지게 되었다. 더불어 처음으로 분명한 꿈이 생기게 되었다. '한국애니메이션고등학교에 입학하고 싶다.'라는 꿈 말이다. 하지만 한국애니메이션고등학교에 입학하는 전형 중에 내가 유리한 전형은 '일반전형'이었고, 합격하기 위해서는 성적을 더 올려야겠다는 생각이 들었다. 그래서 나의 당찬 포부와 꿈을 부모님께 말씀드렸다.

하지만 현실적으로 지원해 주기 어려우시다는 부모님의 말씀에 나의 꿈은 사라졌다. 아니, 미루어졌다.

"포산고등학교에 입학해서 2학년까지는 공부에 집중하고, 3학년부터 미술 입시를 준비하면 되잖아."

결국 엄마의 말에 설득당했다. 그럼에도 나는 꿈을 위한 노력을 놓지 않았다. 나만의 메시지를 담은 애니메이션을 제작하고 싶다는 꿈을 가지게 된 순간만큼 내 삶에서 강력했던 기억은 없었기 때문이다. 4학년 때 친구들과 함께 만든 스톱모션에 흥미를 가지게 되어, 이후로도 혼자 집에 있는 달력 뒷장에 그림을 그리고 잘라내어 스톱모션을 제작하고 유튜브에 업로드했던 그 순간으로 다시 돌아간 기분이 들었다. 다시 원점으로 돌아온 듯한 느낌. 하지만 나쁘지 않은 기분이었다. 모든 것이 처음인 서툰 시작점이 아니라, 내가 정말 원했던 원점으로 돌아온 듯했으니까.

애니메이션에 관심을 가지게 된 순간부터 지브리 애니메이션 혹은 신카이 마코토 감독의 영화를 찾아서 보게 되었고, 컴퓨터로 다룰 수 있는 TVPaint 앱을 활용해서 나비가 날아다니는 형상과 같은 기초적인 애니메이팅부터 연습하였다. 더 넓은 경험을 하고 싶었던 나는 고등학교 1학년 때 한예종 영상 아카데미에 참가해서 나와 같은 관심 분야를 공유하고 있는 사람들과 만나 함께 팀 작업을 하였다. 오디오 녹음, 카메라 촬영, 특정 사물의 특징을 캐치하여 그 사물의 시점에서 촬영하기 등을 할 수 있었고, 최종 프로젝트에서 애니메이션 팀에 합류하여, 처음으로 내가 스토리 보드를 제작하고 비디오 보드—스토리 보드 장면에 음향효과와 모션을 더한 작업—를 제작하여 최종적으로 2분 정도의 숏 애니메이션을 제작하여 교수님들 앞에서 선보이게 되었다. 이 경험을 통해 내가 표현하고자 하는 메시지를 담은 작품을 열심히 제작하는 것도 중요하지만 많은 사람과 공유하고, 생각을 나누는 점이 무엇보다 중요함을 알게 되었다.

이 경험을 통해 현재까지도 순간의 영감을 지나치지 않고 글로 남겨 보관하고, 애니메이션 감독이라는 꿈을 이루기 위해 애니메이션 입시를 시작했다. 비록 내 노력의 끝에 무엇이 기다리고 있을지는 아무도 모르지만, 나는 오늘도 '메시지'를 전하기 위해 무언가를 써 내려가고, 그려나가고, 부르고 있다.

명사로서의 나의 꿈은 '애니메이션 감독'이지만,

형용사로서 나의 꿈은 '이야기를 통해 메시지를 전하는'이다.

나 자신이 바로 진정한 패션

박진아

어릴 적부터 나는 공부, 특히 수학을 잘 해서 가족과 친척들로부터 모든 기대를 한 몸에 받았다. 단지 어릴 적에 남들보다 조금 더 잘했다는 이유로, 엄마는 나를 계속해서 좋은 학원으로, 진도를 많이 빼는 수학학원으로, 흔한 말로 빡센 곳으로 보내셨다. 그러다 보니 중2 때 한국에 돌아와 중3 때까지 1년 만에 미적, 확통 진도를 다 빼게 되었다. 사람들은 '중3이면 그 정도 선행 정돈 할 수 있지.'라고 생각할지도 모른다. 하지만 수학 진도라는 것이 나가면 나갈수록 어려워져 못 푸는 문제도 많아지기 시작했다. 점점 '이걸 지금 왜 하고 있는 거지?'라는 생각을 되뇌이게 되었다. 그래도 나를 위해 돈을 벌고, 직접 학원을 차로 매번 데려다주시는 부모님을 생각해서 계속하려고 노력했다. 그러다 보니 엄마도 '진아는 자기 스스로도 잘 하겠구나.' 하고 점점 풀어주었던 것 같다.

하지만 그게 아니었다. 사춘기가 되자 나는 점점 노는 무리와 어울리면서 공부에는 눈길조차 주지 않았다. 거의 모든 사람들도 사춘기 시절을 겪지만, 그냥 뭐든 잘하고 싶은 마음만 가득한 아인데, 그게 마음대로 안 되어서 유난히 더 그랬던 것도 같다. 그 시절엔 부모님 속을 너무나도 많이 썩였던 것 같다. 조용히 이곳저곳 사고를 치고 다니는 아이였다.

그런 시기가 지나고 보니 나도 모르게 고등학생이 되어 있었다. 고1이 된 시점부터 공부를 시작하기엔 너무 늦었다는 느낌이 들었다. 그래도 난 다시 해보기로 마음을 먹었다. 왜냐하면 예전부터 내 마음 속 깊은 곳에 꿈을 키워오고 있었기 때문이다. 패션계에서 일을 하는 것이었다. 그러나 그것을 나의 진로로 정하기엔 구체적인 계획이나 방향이 없었다. 단지 '그렇게 되고 싶다.'에서 멈출 뿐이었다. 그래서 먼저 대학에 가기 위해 늦었더라도 공부를 시작하게 된 것이다. 대학에 먼저 가고, 다시 내가 진정 어떤 사람이 되고 싶은지를 생각해 보기로 했다.

놀랍게도 나는 초등학교에 가기 전부터 지금까지 꿈의 방향이 같았다. 어릴 때부터 그림 그리는 것, 손으로 무언가를 만드는 것을 좋아했다. 어릴 적부터 진정으로 행복했던 날은 미술학원에 가는 날이었다. 그래서 가지 않는 날에도 쉬는 시간에는 스케치북에다 나의 세상을 표현하기도 했다. 내가 가장 좋아하는 바비 인형의 옷을 내 양말로 만들기도 하였다. 그런 나의 취미를 흥미롭게 바라본 엄마는 나에게 바비인형을 위한 천을 주시며 바느질하는 법을 가르쳐 주기도 했다. 바느질은 내 미적 감각과 창의력을 키우는 데 큰 도움이 되었고, 자연스레 나는 패션 디자이너라는 직업에 관심을 가지게 되었다.

하지만 시간이 흘러감에 따라, 내가 진짜로 좋아하는 분야가 무엇인지 좀 더 선명해지기 시작했다. 나는 옷을 디자인하고 만드는 것도 좋았지만, 사람들이 더 아름다워지도록 도와주는 일, 그리고 사람들의 취향을 이해하고 그에 맞는 옷을 기획하는 것에 더 큰 흥미를 느낀다는 것을 알게 되었다. 이런 생각들을 곰곰이 하다 보니, 패션기획MD라는 꿈이 크게 자리잡게 되었다. 이를 아빠에게 이야기해 보았더니, 그 직업이 나에게 잘 맞을 것 같다며 많은 칭찬과 격려를 받았다. 마음이 뿌듯하였다. 아빠와 목표를 달성하기 위해 어떤 역량과 노력이 필요한지 구체적인 계획을 세우기 시작했다. 예전에 한 번 방황했던 적이 있어서 그런지 더 진지하게 무엇을 해야 할지 얘기를 하였고, 중간 중간 지치지 않게 응원도 해주셨다.

나는 꿈을 향한 여정이 지금으로부터 진짜 시작되었다고 생각한다. 앞으로 나아가는 길에는 끊임없는 배움과 도전이 기다리고 있을 것이다. 그 길에서 나의 장점을 발휘할 수 있는 기회들을 적극적으로 찾아가 경험해 볼 것이다. 이렇게 꿈을 향해 나아가는 여정이 나에게 무엇보다도 의미 있는 것으로 남을 것임을 믿는다.

백조

이채은

　나는 예전부터 공부가 즐거웠다.

　다른 사람들이 한평생을 바친 기록들을 이토록 쉽게 배울 수 있다니! 문학을 통해 다양한 삶을 경험하는 게 좋았다. 정해져 있는 답이 있는 비문학이 좋았다. 내가 100을 하면 100만큼 돌려주는 문법이 좋았다. 그래서 국어가 좋았다. 수학과 영어, 사회 역시 그랬다. 내가 한 만큼 돌아오는 과목이라서 말이다. 그리고 특히 과학을 사랑했다. 내가 과학을 사랑하게 된 데에는 학교 선생님의 영향이 컸다.

　초등학교 6학년 담임 선생님은 내게 과학전람회 참여를 권해 주셨다. 그전에는 과학에 별 관심이 없었다. 그런데 전람회를 준비하면서 과학이 내게 즐거운 기억으로 남았나 보다. 이후 중학교로 진학해서 들었던 과학 수업은 정말 신세계였다. 수업 시간에 배웠던 과학 내용들은 정말 하나같이 내게 앎의 희열을 만끽하게 해줬다. 또 과학은 실험을 빼놓을 수 없지 않은가? 교과 시간에 한 실험도 그리고 고등학교에서의 다양한 실험 경험들도 과학을 사랑할 수밖에 없게 해줬다. 가설을 설정하고, 결과를 예측하고, 결과를 분석하는 일련의 과정이 정말 재밌었다.

그러나 문제가 있었다. 내가 모든 과목에 흥미가 있어서 그런 걸까? 학교에서 1년에 한 번씩 하는 Holland 진로 적성 검사에서도, MBTI에서도 나는 항상 결과가 애매했다. 게다가 늘 일관성이 낮은 응답이라는 내용도 덧붙여져 있었다. 나는 언제나 진심으로 응답했는데도 말이다. 고민이 됐다. 정말 내게 맞는 직업은 무엇일까?

중학생 때부터 꾸준히 진로에 대해 고민해 왔다. 위 검사들뿐만 아니라, 각종 취업 사이트, 직업 관련 영상을 찾아보기도 했다. 그러나 실제 현장에서 경험하는 것이 아닌, 매체로 접하는 직업들은 해당 직업의 고충을 제대로 알려주지 않았다. 그게 나를 자꾸만 멈춰 서게 했다. 2023년 여름 방학 때는 진로를 찾기 위해 노력했다. 청소년 자원봉사자가 되어 참석한 '대구 청소년 진로진학 박람회'에서 각종 대학교 팸플릿을 구해 읽어보기도 했다. 어떻게 대학교 팸플릿만으로 진로를 정할 수 있을까. 그저 '이런 학과도 있구나!'를 알게 되면서 나의 세상을 넓히는 계기가 되었을 뿐이다.

그리고 대구교육청이 지원하는 '대구 진로 네비게이션'이라는 프로그램에도 참여해 봤다. 해당 프로그램에서도 Holland 진로 적성 검사를 했지만, 결과는 마찬가지였다. 사회형과 탐구형, 간극이 큰 두 유형 모두에서 높은 점수가 나왔다. 그리고 역시나 뜨는 그 단어, '일관성 낮음'. 이번에도 내 예상과 빗나가지 않았다. 더욱 혼란스러워졌을 뿐이다. 그런데 멘토 선생님께서 감사하게도 이렇게 말해 주셨다.

"채은이는 정말 융합형 인재네~"

그 말을 듣자 머릿속이 맑게 개이기 시작했다. 지금은 문이과 구분이 점차 사라지고 있는 추세지만 나는 직업을 문과형과 이과형으로 구분했을 때, 문과형과 이과형에 모두 끌리는 사람이다.

"서로 상반되는 성향의 직업에 끌린다면, 두 분야

를 결합하는 직업을 찾으면 되지 않을까?"

이런 생각이 들었다. 그런 직업이 무엇일까? 그래서 차근차근 생각해 보기로 했다. 내가 생각하는 문과형 직업의 매력은 무엇이고, 이과형 직업의 매력은 무엇일까? 그리하여 내린 결론은 다음과 같다. 문과형 직업은 사람들과의 관계를 통해 사회에 긍정적인 변화를 이끌어내고, 이과형 직업은 기술 등을 통해 사회에 긍정적인 변화를 이끌어내는 것에 내가 매력을 느꼈음을 알게 되었다. 그러니까, 나는 내가 '세상에 긍정적인 변화를 이끌어내고 싶어하는 사람'이라는 것을 알게 되었다. 그래서 지금은 세상에 긍정적인 변화를 만드는 화학공학연구원이라는 길을 향해 달려가고 있다.

나는 미운 오리 새끼에서 백조가 되기 위해 노력하고 있는 사람이다. 얼핏 보면 호수에 우아하게 떠 있는 것만 같은 백조는 사실 수면 아래에서 발버둥 치고 있다. 가라앉지 않기 위해서 말이다. 즉 백조의 우아함은 결국 노력의 산물인 셈이다. 꾸준한 노력을 통해 목표하는 바를 성취해 나가는, 주도적이고 능동적인 삶. 나는 그런 삶을 살아가고 싶다. 그리고 지금 나는 연구원이 되기 위해 달려가고 있다. 그리고 가진 것에 안주하지 않고 늘 더 성장하기 위해 갈고 닦는 사람이 되고자 한다. 그러나 역설적으로 가진 것에 감사할 줄 아는 그런 사람이 되었으면 한다.

제3장

가끔 꼰대 같기도 하지만…

내가 사랑하는
없어서는 안 되는 존재

김민(현수, 은주의 딸)

우리 부모님은 꼰대라는 말과 어울리는 사람이 아니다. 오히려 우리 세계를 존중하고 이해하고자 하는 사람에 가깝다. 부모님이 우리 세계를 공감하려고 하는 게 느껴질 때도 있다. 그럴 때마다 고마운 마음이 느껴지는 것도 분명하다. 하지만 부모님이 우리 세계를 존중하고 이해한다 해도 결국 부모님의 세계는 다른 세계인가 보다 할 때가 있다.

감성적인 나의 성격과 이성적인 부모님의 성격이 대립할 때가 가끔 있다. 나는 첫째여서 그런지 어릴 때 부모님께 싫은 소리 한번 안 하고, 가기 싫다는 말도 하지 않고 어린이집, 유치원, 초등학교 등을 하루도 빠지지 않고 다녔다. 동생에게 양보하고 부모님께 상처를 주지 않기 위해 노력했다. 상대방의 감정에 따라 같이 슬퍼하거나 기뻐했고, 내가 마주한 부정적인 상황에 대해선 나의 감정을 숨기기도 했다. 뭐든 괜찮다며 살아왔다. 그래서인지 이러한 상황 속에서 내가 가지고 있는 물건에 대한 집착이 점점 심해졌던 것 같다.

어릴 때 나는 '꿈빛 파티시엘' 다이어리를 가지고 있었다. 그런데 어느 날 아빠가 보더니

"나이가 몇 살인데 이런 걸 아직까지 갖고 있냐? 동생 줘라."

"안 돼, 안 돼. 내 꺼야."

나의 의사도 묻지 않고, 싫다고 했는데도, 그냥 동생에게 줘버렸다. 당시 내가 제일 좋아하는 애니메이션 '꿈빛 파티시엘', 그 '꿈빛 파티시엘' 다이어리는 정말 아끼는 다이어리였다. 다이어리의 구성품인 스티커도 하나도 안 썼고, 다이어리 한 장도 안 쓰며, 책장에 꽂아두기만 했는데, 내 마음도 모르고 냉큼 동생에게 준 아빠가 미웠다. 내가 아끼는 것을 동생에게 냅다 줘버린 아빠가 너무 밉고 속상해서 오랫동안 엉엉 울었다. 지금도 생각하면 눈에 눈물이 맺히는 아주

슬픈 기억이다.

　나는 추억을 좋아한다. 빛바랜 추억이라도 내 세계에 차곡차곡 담아두곤 한다. 하지만 부모님은 내 빛바랜 추억에서 빛이 바랬다는 것 하나만 보고 내 추억들을 모두 버려버리곤 한다. '과거를 회생할 때는 현재를 보라'는 따분한 잔소리를 하면서, 과거의 물건을 보고 상상에 잠겨 있을 때 가차 없이 물건을 버려버린다. 짐만 되는 잡동사니라며 말이다. 내가 어릴 때 사용하고 놀던 물건이 쓰레기통에 처박혀 있는 걸 보면 부모님이 매정한 사람이라는 생각까지 들곤 한다. 분명 맥시멀리스트인 나의 방이 엉망임은 맞다. 부모님이 버리는 물건 중 대부분의 용도가 추억뿐인 것도 맞다. 하지만 추억은 나에게 힘을 준다. 그런 추억을 그저 정리 좀 하라는 말로 일갈하는 부모님을 보면 자연스레 꼰대라는 생각이 들곤 한다.

　또한 어떠한 특정 상황에서 꼰대력이 발동될 때도 있다. 예를 들면 밥을 먹을 때 종종 부모님의 잔소리가 발동한다. 어른들은 그런 말들이 인생 선배로서 하는 삶의 지혜고 연륜이라고 말한다. 부모님도 조금은 그런 생각을 하고 있을 거라 장담한다. 하지만 연륜이라는 건 결국 살아온 세월이 다르다는 거다. 세월이 다른 부모님은 나에게 부모님의 과거를 빗대어 보곤 한다. 빗대어 보며 추억을 회상하는 정도로는 부모님을 꼰대라 할 수 없다. 부모님이 지나간 세월에 머물며 나를 당신의 세월에 함께 가두려고 할 때, 다시 한 번 꼰대라는 단어를 떠올리는 거다.

과거 부모님이 자유롭게 꿈을 정하지 못했다는 이유로 '너는 마음대로 너 하고 싶은 거 하네. 세월 참 좋아졌어.'라고 하는 등 묘하게 듣기에도 기분 나쁜 말을 가볍게 건네는 것. 부모님의 기억과 우리 세계 속 현재의 삶을 비교하는 말들은 부모님과 나 사이에 은근한 벽을 세우곤 한다.

무언가 이유가 있을지도 모른다. 그런데 이런 말은 내 머리를 자주 헤집고 잔뜩 어둡게 만든다. 어두워진 머리를 찌내다 보면 결국 우리의 세계에서 살아본 적 없으면서 부모님 세계의 규칙을 우리에게 말하는 건 꼰대라는 생각이 들어버린다. 우리 세계를 비교하고 잔소리하는 건 다른 나라에서 우리나라 법을 들이대는 것 같다. 로마에선 로마법을 따르듯 우리 세계에선 우리의 법을 따라보면 좋을 텐데. 나는 부모님이 우리의 세계를 이해하려 한다면 우리의 시선으로도 우리의 세계를 봐주었으면 한다. 아무리 우리의 세계를 이해하려 해도 부모님의 시선에서는 우리의 세계가 트집 덩어리일 수 있으니까. 우리의 세계를 부모님의 시선으로 보는 순간 우리에게 부모님은 꼰대가 되어버리니까.

하지만 부모님은 우리를 키우시기 위해 노력하신다는 것을 알고 있다. 평일, 학교를 갈 때면 항상 부모님이 데려다 주시고, 데리러 오신다. 오고 가는 길이 귀찮을 수도 있지만 차를 끌고 나를 위해 길을 나서는 부모님께 항상 감사한 마음을 가지고 있다. 또 엄마는 매일 아침을 차려 꼭 먹으라고 하신다. 만약 늦게 일어나 집에서 아침을 먹지 못할 경우 도시락통에 담아서 차에 타고 갈 때나 학교에 갈 때 먹으라고 준비해 주신다. 또한 내가 유제품을 먹지 못하는데, 학교에서 간혹 유제품으로 만든 음식들이 급식에 나오는 경우가 있다. 메뉴 한 개에서 두 개 정도면 그냥 먹지만, 심한 경우 모든 메뉴에 유제품이 들어가 아무것도 먹지 못하는 경우도 있다. 이럴 때마다 학교에 있는 나에게 김밥을 전달해 주거나 아침에 도시락을 싸주

신다. 이럴 때 너무 감사하다. 부모님의 애정으로 밥
을 먹을 수 있었기 때문에 너무 고마웠다.

엄마! 아빠!
이때까지 나 키워줘서 고맙고, 사랑해.

내 행복의 척도

김미성(재홍, 희정의 딸)

부모님은 나와 30살 차이가 나지만 말이 잘 통한다. 특히 내가 아빠를 닮아 그런지 아빠와 생각하는 게 정말 비슷하다. 엄마는 나와 많이 달라 엄마와 대화하는 건 정말 재밌다. 하지만 생각의 차이는 항상 존재한다. 아버지와 나, 어머니와 나 사이에서 이해가 안 되는 부분이 존재한다.

일단 아버지는 가끔 급작스럽게 화를 내신다. 평소에는 나긋나긋하고 장난끼 가득한 모습인데 갑자기 목소리가 커진다. 아마 속에 담아두고 있는 게 많아서 그럴 것이다. 아버지는 속 얘기를 잘 하는 사람이 아니라는 걸 내가 가장 잘 안다. 아버지가 막 화를 내실 때 처음에는 '왜 저러시지' 싶다가 조금 지나면 '이유가 있겠지' 한다. 그래서 아버지가 화를 내는 일이 없도록 평소에 내가 잘 하려고 한다.

아버지는 우리 딸들에게 정말 잘 해준다. 학교에서 돌아오는 금요일이면 내가 좋아하는 고기를 사 와 같이 저녁을 먹는다. 평소에는 자주 못 보지만 내가 학교에 있을 때 저녁 먹고 나서 아버지와 전화를 자주 한다. 그러면 아버지는 가장 먼저 저녁 먹었는지 물어보신다. 항상 딸 끼니 먼저 챙기는 사람이다.

무엇보다 나에게 굉장히 관대하다. 내가 멀리 놀러 간다고 할 때에도 항상 허락하신다. 물론 걱정을 하긴 한다. 하지만 내가 사고를 칠 사람이 아니라는 걸 알기에 나를 믿어주고 내가 하는 일은 다 지지해 준다. 아버지는 항상 말씀하신다.

"네가 하고 싶은 일을 해."

"하고 싶은 게 없는데?"라고 내가 장난스럽게 대답하면

"나중에 생길 거다."라고 말한다.

아버지가 종종 나에게 하는 말이 있다. 무슨 일이 있으면 무조건 아버지한테 말하라고, 아버지가 다 해결해 준다고. 그 말을 듣고 아버지에게 정말 고마웠다. 그 말이 나를 탁 받쳐준다는 느낌을 받았다. 나는

아버지 없으면 안 되는 사람이다. 그래서 아버지와 보내는 시간이 나에게는 참 소중하다. 아무도 나를 믿어주지 않을 때 유일하게 나를 믿어줄 사람이다. 몇 년후 내가 성공했을 때 가장 먼저 보답할 사람을 꼽자면 그건 아버지이다.

두 사람 중 꼰대 같은 사람은 한 명만 꼽으라고 하면 그건 어머니이다. 최근에 내가 친구들과 함께 서울에서 하루 자고 오겠다고 한 적이 있다. 나는 당연히 허락해 줄 거라 생각했다. 하지만 어머니는 단칼에 거절했다. 그때 좀 당황스러웠다. 무엇보다 어머니가 아는 친구들이었다. 전혀 걸릴 게 없는데 안 된다고 하시니 당황스러웠다. 하지만 대구에서 멀리 있는 서울까지 가서 심지어 자고 온다고 하니 걱정되어서 그런 거겠지 하며 넘겼다. 그리고 저번에 친구들과 놀다가 동네 막차를 타고 11시에 들어온 적이 있었다. 나는 별생각 없이 집에 들어왔는데 어머니가 엄청 화 냈던 기억이 있다. 의외로 늦게까지 돌아다니는 걸 안좋아한다. 저녁에 잠깐 친구 만나고 온다고 하면 "이렇게 늦은 시간에 어디를 가는 것이냐."라고 약간 언성을 높인다. 이럴 때 보면 '우리 어머니도 다른 어머니와 같구나' 싶다.

아버지와 어머니는 공통적으로 예의를 중시한다. 누구는 꼰대 같다지만 나는 오히려 그런 모습을 좋아한다. 아버지는 어르신분들께 굉장히 잘 한다. 아버지 특유의 친화력으로 사람들에게 잘 다가간다. 어머니는 아버지처럼 친화력 있게 어른들께 다가가는 성격은 아니지만 항상 예의를 갖추고 행동한다. 그래서 나와 동생에게도 예의 있게 행동하라고 말하신다. 그 영향을 받아서 내가 보수적인 사람이 된 건가 싶기도 하다. 나도 예의가 굉장히 중요하다고 생각한다. 예의 없는 사람을 보면 괜히 짜증난다.

결론적으로 우리 아버지 어머니는 꼰대가 아닌 내가 존경하는 성숙한 사람들이다. 부모님을 보고 많은 걸 배웠다. 일단 두 분이 서로 편하게 대하고 사랑하는 모습이 보기 좋다. 가끔 당황스러울 때도 있지만 그래도 서로 딱딱하게 지내는 것보다는 100배 낫다. 그리고 두 분 모두 속은 굉장히 따뜻하다. 두 분 다 표현을 많이 하지는 않지만 항상 나와 동생을 생각하고 있다는 것을 잘 알고 있다. 어쩌면 나의 성숙함 또

한 부모님으로부터 물려받은 게 아닐까?

　내가 나이 드는 만큼 우리 부모님도 나이를 먹어가고 있다. 하지만 우리 아버지 어머니가 어떤 모습이든 간에 사랑하고 존경할 자신이 있다. 내 눈에 아버지 어머니는 점점 더 예쁘고 멋있어진다. 우리 아버지 어머니는 동년배들에 비해 굉장히 젊다. 특히 어머니는 젊은 사람들보다 훨씬 더 많은 꿈을 가지고 있다. 그래서 눈이 초롱초롱하다. 꿈을 가진 사람은 눈이 초롱초롱하다.

　나에게 다시 태어날 기회가 주어진다면 어머니 아버지 딸로 태어나고 싶다. 나를 조금 늦게 낳아도 된다. 왜냐하면 나는 아버지 어머니가 자기 인생을 좀 더 누렸으면 한다. 특히 아버지가 그랬으면 좋겠다. 자기가 하고 싶은 일을 좀 더 하기를 바란다. 그리고 그런 아버지 옆에 어머니가 항상 있었으면 한다.

　인간 김재홍과 윤희정도 아버지 어머니가 처음이다. 하지만 그들 나름대로 역할을 톡톡히 하고 있다. 나는 부족함 하나 없이 컸다. 부모님 말씀대로 누릴 거 다 누리고 컸다. 내가 이렇게 자라기까지 부모님의 피땀 눈물이 얼마나 많이 들어가 있을까 감히 상상하

기 어렵다. 지금의 내가 할 수 있는 말은 고맙다는 말
밖에 없다.

　김재홍과 윤희정의 인생을 항상 응원한다.
　딸로서,
　그리고 같은 세상을 살아가는 사람으로서.

부모님은 꼰대?

김우현(영제의 아들)

　엄마. 엄마와 나는 둘 다 해산물에 환장하고, 둘 다 기질이 급해 바로바로 어떤 일이든 해결해야 한다는 일종의 강박 아닌 강박이 있고, 꼼꼼한 면이 있는 등 공통점이 꽤 많다. 그래서인가, 대체로 말도 잘 통하고, 화목한 관계를 유지하고 있다. 그러나 가끔 꼰대 같을 때가 있다. 우리 엄마가 꼰대 같아 보일 때는, 인터넷이라는 문물을 받아들이기 귀찮아하는 것 같아 보일 때다. 우리 엄마는 로봇 청소기의 작동 방법, 인터넷 브라우저가 제공하는 자동 번역 기능을 보고 싶지 않을 때 끄는 방법, 쇼핑몰 사이트 회원가입 방법 등을 모를 때, 그 문제를 자기주도적으로 해결하고자 하는 경향보다는 남에게 물어봄으로써 해결하고 싶어 할 때가 많다. 나는 그런 엄마가 답답해 보인다. 인터넷을 활용하면 얼마든지 엄마가 필요한 정보를 장소나 시간에 크게 구애받지 않고 쉽게 찾아볼 수 있는 유비쿼터스 시대가 도래했음에도 불구하고, NAVER의 지식-In 서비스 등을 이용하면 간편하고 손쉽게 맞춤형 답변을 과금 없이 10분 내로 받을 수 있는 정보화 시대가 이미 왔음에도 불구하고 왜 굳이 우리가 올 때까지 기다려서 서로 서로의 시간을 지체하는지 의문이 들 때가 많이 있다. 엄마는 엄마 나름대로 빠른 답변을 받지 못해 불편하고, 나는 나 나름대로 잘 알지도 못하는 분야에 대한 도움 요청을 받으면 또 내가 찾아봐서 이해한 다음 그것을 재가공해서 엄마에게 알려주는, 좀 귀찮다면 귀찮을 작업을 해야 해서 불편해지는 상황이 상당히 효율적이지 않다고 생각하기 때문이다. 물론 이전에도 몇 차례 직접 정보를 검색하는 방법 등을 알려준 적이 있으나, 익숙하지 않아서 어렵다며 지금까지도 이 방법을 고수하고 있다.

어디 이뿐만인가? 우리 엄마는 멋진 화법의 소유자다. "현아, 그거 뭐였지? 아니, 그거 있잖아. 그거. 텔레비전에 나오는 그거.", "여보, 그 사람 이름 뭐였지? 그거 있잖아 그거. 요즘 드라마에 나오는 그 남자 이름 걔." 등등. 우리 엄마는 엄마가 이렇게 말하는 것을 우리가 찰떡같이 알아듣길 굉장히 바란다. 물론!!! 나도 사람인지라 가끔씩 기억이 흐리멍텅할 때 저런 화법을 가끔씩 사용하곤 한다. 그러나 우리 엄마는 그 빈도수가 좀 높은 것이 문제이다. 좀전의 검색 문제도 그랬으나, 이 문제 또한 우리 엄마는 크게 자신의 노력으로 그 물음에 대한 답을 찾으려고 하지 않는다. 그렇게 말하는 것을 내가 어떻게 아느냐고 반론해도, 나이가 들면 자신의 의지와 상관없이 어쩔 수 없이 그렇게 된다며 말한다.

엄마뿐아니라 아빠에 대해서도 할 말이 있다. 물론 아빠도 아빠가 어렸을 적의 사진을 보면, 나와 굉장히 높은 싱크로율의 모습을 하고 있으며, 남들이 보기엔 우스워 보일 만한 것에도 큰 호기심을 가지는 등 비슷한 모습이 많이 나타나서 그런지, 아빠와도 전반적으로 화목하고 좋은 관계를 갖고 있긴 하다만, 아빠 역시 꼰대같이 보일 때가 많다.

아빠의 문제점은 평가이다. 이는 내 동생과 내가 몇 년 동안 지속적으로 제기해온 문제이다. 우리 아빠는, 나와 내 동생과는 다른 가치관을 가지고 있는 것 같다. 우리 가족이 외식을 갔다고 하자. 우리 아빠는 만약 거기에서 나온 음식이 맛이 없거나, 신선하지 않은 식재료를 사용하지 않은 것처럼 보이는 등 무언가 마음에 들지 않는 것이 있으면 종업원이 근처에 있든지 없든지에 대해서는 전혀 큰 신경을 쓰지 않고, 그냥 "집에서 끓여 먹는 라면 국물이 이거보단 낫다.", "아빠는 솔직하게 이런 고기도 좋지만, 그냥 된장찌개가 나은 것 같다.", "솔직하게 맛이 없다." 등의 의견을 굉장히 솔직하게 잘 표현한다. 앞서 말했듯 동생과 나의 반발로 요즈음에는 꽤 나아지긴 했지만, 아직도 고쳐지진 않았다. 뭐, 정당한 대가를 지불하고 받은 서비스에 대한 평가라서 법적으로 잘못되었다거나, 윤리적으로 크게 그릇된 행위가 아님은 알고 있으나, 탐탁지 않은 행위로 다가와 마치 아빠가 꼰대처럼 느껴진다.

이렇게 내 엄마와 아빠 두 분 모두 어딘가 꼰대 같은 구석이 있긴 하지만 사실 전체적으로 보면 미약한 정도에 지나지 않는다. 따지고 보면 고마운 면이 훨씬 더 많다. 아무래도 학교와 우리 집이 물리적 거리가 꽤 있어 귀찮음을 느낄 법도 하지만 큰 내색 없이 학기

중엔 학교로 매주 태워다 주고, 주말엔 도보 20~30분 거리인 학원 또한 태워다 주신다. 또한 엄마도 일요일을 제외한 7일 중 6일을 출근하시고, 아빠도 평일 5일 내내 서울 직장에 계시기 때문에 지칠 법도 하지만 하고 싶은 것은 없는지, 먹고 싶은 것은 없는지 물어봐 주시는 등 우리를 챙겨주고 말도 많이 나누려고 노력하며, 항상 나를 지지해 주고 응원해 주신다. 어디 이뿐만이겠는가? 1일에 1번, 2일에 1번 꼴로 생겨나는 내 빨랫감들, 삼시세끼 밥, 기본적인 의식주, 내 방 청소, 이불 관리 등등 굉장히 많은 일들을 해주고 계신다. 겉보기엔 쉬워 보일지라도, 그런 행위들이 하루하루 누적되어 7일이 되고, 7일이 모여 1달, 1달이 모여 1년, 1년이 모여 어언 2007년 1월 30일부터 지금까지 누적되었지 않은가. 쑥스럽기도 해서 겉으로 표현은 안 하고 있지만, 정말로 고맙고 존경스럽다. 큰 부족함 없이 잘 키워줘서 감사하다.

라떼는 달았다

도주은(경미의 딸)

　우리는 '꼰대'라는 말을 평소에 자주 접하고 또 누군가는 자주 사용한다. 나 또한 그렇다. 나를 아껴주고 보듬어주시는 우리 엄마도 어떤 때는 꼰대처럼 느껴지는 순간이 있다. 대표적인 순간은 이런 때다. 평소 내가 힘들어할 때 위로해 주시고 일상적인 대화를 나눌 때도 코드가 잘 맞던 엄마가 함께 길거리를 걸어갈 때 약간의 노출이 있는 옷을 입고 있는 사람을 보고

　"요즘 애들은 옷을 왜 지렇게 입니?"

하며 혀를 내두를 때이다. 물론 딸이 있는 어머니의 입장에서 걱정하는 것일 수도 있지만, 본인의 가치관과 스타일을 반영하여 입은 것인데 타인이 간섭할 필요는 없지 않은가. 그러나 이러한 상황은 약과이다.

　나에게 엄마가 가장 꼰대 같은 순간은 나도 인지하

고 있는 점에 대해서 반복적으로 지적할 때이다. 물론 '열 길 물속은 알아도 한 길 사람 속은 모른다.'라는 속담이 있듯 나도 엄마의 속을 알 수는 없다. 내가 인지하고 있다는 점을 엄마도 알고 지적하는지, 모르고 지적하는지는 말이다. 고치려고 애쓰고 있는데도 계속 콕콕 찔리게 되면 나도 모르게 조금씩 상처가 나고, 반복되는 따끔거림에 화를 내게 된다. 그렇게 엄마와 나의 냉전은 시작된다. 보통 래퍼토리는 이렇다.

"좀 고쳐."

"나도 그 점 알고 있고, 고쳐나가려 하고 있거든."

"넌 그렇게 이야기하면서 항상 똑같더라."

그런데 여기서 끝나지 않고 엄마가 지인들에게까지 말하는 것이다. 그것도 과장을 해서 말이다. 한 번은 나에게 친절히 대해 주었던 친한 이모에게서

"주은아~ 이모는 자기 할 일 안 하고 게으른 건 진짜 아니라고 본다. 열심히 해야지."
하는 조언을 듣기도 했다.

그냥 묵묵히 나를 믿어주었으면 좋겠는데, 이러니 엄마와의 냉전을 피해갈 수가 없다. 보통 '꼰대'라 하면 '라떼는 말이야~'를 떠올리고는 하는데 엄마가 말

하는 라떼의 의도는 처음은 달았을지도 모르겠다. 그러나 달았던 처음의 의도가 툴툴거리는 나의 반응에 점점 날카로워져 나를 찌른 걸지도 모르겠다.

이러한 깨달음은 5살 차이가 나는 동생과 나 사이의 관계를 되돌아보며 자연스레 알게 된 것 같다. 초등학생 생활을 끝내고 이제 막 중1이 되는 여동생에 대해서 언급을 하자면, 우리는 충돌이 일어나는 순간이 많다. 조금이 아니라 아주 많다. 하나의 상황을 예로 들자면, 하루 종일 친구와 놀거나 휴대폰을 보다가 새벽이 되어서야 잠드는 습관을 고쳤으면 해서, (이전에 내가 지니고 있었던 악습이어서 그런지 마음이 더 쓰였다) 지나가는 말로 한마디 했다.

"공부 좀 해라", "일찍 자는 게 어때?"

그랬더니 동생이 방문을 쾅 닫고 들어가 버렸다. 나는 상처 주려고 한 게 아니었는데. 이후 동생은 자신의 자유로운 시간에 내가 침범하는 느낌이 들었고, 본인이 알아서 잘 하고 있는데 간섭하는 게 이해가 안되었다고 말했다. 그랬구나.

5살 차이 나는 '나'와 '동생' 사이에도 충돌이 잦은데 30살 차이가 나는 '엄마'와 '나' 사이의 갈등은, 어쩌면 당연한 것일지 모른다. 서로 다른 환경에서 적응하며 쌓아온 가치관의 차이, 살아온 세월의 차이가 충돌의 원인이 되었을 것이다. 내가 느낀 엄마로부터의 비수는 나를 향한 사랑과 관심에서 피어난, 삶을 먼저 살아본 선배로서 던져주는 애정 어린 조언이었을지도 모르겠다. 나보다 먼저 삶의 희로애락을 겪고, 성공과 실패를 겪어보며 깨닫게 된, '해야 할 것'과 '하지 않아야 할 것'을 알고 있는 상태에서 '하지 않아야 할 것'을 하는 나를 그냥 지켜보시는 것이 힘드셨을 것 같다.

엄마의 마음을 조금이나마 알게 된 이후, 요즘은 엄마와 전보다 꾸밈없는 대화를 자주 한다. 엄마와의 대화를 통해 평소 알지 못했던 '엄마의 일상'을 듣게 되며 나를 더 되돌아보게 되었다. 항상 우리를 위해 새벽 5시에 일어나 따뜻한 아침밥을 준비하시고, 자신의 일에 열정을 지니고 꺼지지 않는 불처럼 매일 달려나가는 모습을 보면 한편으로는 정말 대단하다는 생각도 든다.

하나의 일에 파고 들어가면서도 다양한 분야와 연계하여 날이 갈수록 성장하는 엄마, 우리를 위해 자신의 아픔을 드러내지 않고 담담히 살아가는 엄마, 항상 본인보다 주변 사람을 먼저 챙기고 헌신하는 엄마. 나는 왜 이때까지 엄마라는 두 글자에 큰 짐을 지워주었던 걸까. 엄마는 항상 나를 위해서라면 무엇이든지 하려고 하셨는데.

가끔은 꼰대처럼 느껴지지만,

그런 엄마의 모습은 나를 향한 사랑의 또 다른 형태임을 알기에 이제는 고마운 마음이 더 커진 것 같다. 평소에는 매일 보내는 '사랑한다'는 메시지에 낯간지러워 말하지 못했지만 이제라도 전하고 싶다.

엄마, 사랑해요.

내 인생 최고의 선물

박진아(기성이의 딸)

이 주제에 대해서는 사실 우리 부모님에게는 그렇게 할 말이 없다. 내가 생각하는 꼰대란, '옛날의 사고방식에서 벗어나지 못하고 다른 사람들에게도 자신의 사고방식을 따르도록 요구하는 사람'이다. 즉, 남의 말은 귀담아듣지 않고, 자신의 주장만 하는 사람이다.

부모님이 나를 금쪽이라고 생각할지 몰라도 나는 우리 부모님을 꼰대라고 단정지을 수 없다. 어릴 때부터 사고뭉치였지만, 사고를 쳐도, 혼을 내도, 내가 왜 이런 행동을 했는지 이해하려고 노력하고, 먼저 챙겨주셨기 때문이다. 인터넷에 떠도는 '나 때는 그러는 거 꿈도 못 꿨다.'와 같은 말들을 부모님으로부터 들어본 적이 없다. 많은 부모님들이 자신의 자식이 의사나 판사가 되어 돈을 많이 벌길 원하지만 우리 부모님은 항상 나의 꿈을 응원해 주셨다. 뉴스와 책을 많이 읽어서 그런지, 부모님은 마음이 넓고, 세상이 어떻게 변화하는지, 요즘 청소년 사이의 유행 같은 부분들을 잘 알고 계신다.

하지만 딱 한 가지 약간 꼰대 같은 요구가 있긴 하다. 성인 되기 전까진 애인과 손까지만 잡으라는 것이다. 잘 이해가 되지 않았지만, 그래도 나보다 경험도 많은 분이시니까, 걱정도 많이 되실 부모님을 위해서 나는 이 부분은 잘 지키고 있다. 그렇다고 이 한 가지로 부모님을 꼰대라고 지칭하고 싶지는 않다.

어릴 적 사진을 보면 나는 식기세척기에 들어가 있고, 온몸에 그림을 그린 채로 웃고 있다. 심지어 계란 한 판을 뒤집어 엎었던 적도 있었는데, 그대로 촉감놀이를 하게 해주신 적도 있었다. 어릴 적부터 국내는 물론, 미국, 캐나다, 필리핀 등 여러 나라에 방문해서 세상이 얼마나 넓은지를 직접 접하며 알게 해주셨다. 지금 생각해 보면 친할머니의 말씀처럼 나는 세상에서 가장 좋은 부모님을 만났다고 할 수 있다.

초등학생 때 생선 가시가 목에 걸려 밤 11시경에 급

하게 택시를 타고 응급실에 간 적도 있다. 가는 길에 아빠는 옆에서 헛구역질하며 힘들어하던 나에게 혹시 몰라 비닐봉지를 든 상태로 계속 등을 두드려 주셨다. 응급실에서 가시를 뺄 때, 내 작은 목구멍에서 가시가 나오는 광경을 너무 신기한 눈빛으로 쳐다보고 있었던 게 아직 생생하게 생각난다. 나도 그 가시를 보고 생각보다 많이 커서 놀랐던 기억이 있다. 엄마가 그렇게도 하지 말라던 내리막길에서 자전거를 타다 굴러떨어져 얼굴 전체에 상처를 입고 크게 다쳐 학교를 하루 정도 나가지 않은 날도 있었다. 이것 말고도 나는 수없이 많은 사고를 치며 살았다. 그럴 때마다 부모님께서는 나를 혼내시긴 했지만, 걱정해 주는 눈빛이 훤히 보였다.

하지만 진짜 문제의 시작은 한국에 돌아오게 된 중학교 2학년 2학기부터였다. 한국 중학생을 너무 쉽게 보고 엄마의 말을 안 듣고 공부를 설렁설렁 해서 왔던 것이 화근이었다. 막상 학교에 가보니, 미국에서 살다 왔지만, 나는 영어 문법을 한 번도 배워보지 않아, 영어 수업 시간에 이해가 하나도 안 되었다. 그래도 부모님을 생각해서라도 열심히 공부하였다. 하지만 결과는 그렇게 좋지 않았고, 결국 전 과목 학원을 다니게 됐다.

공부 때문에 스트레스를 받을 땐, 아빠가 고기나 마라탕을 같이 먹어주기도 한다. 지금, 이제 고2로 올라가는 겨울 방학에 윈터스쿨을 하며, 매일 새벽 정성이 듬뿍 담긴 도시락을 싸는 엄마를 보며 부모님의 마음을 다시금 느끼게 된다. 고등학교 2학년에 올라가서는 내신, 수행, 동아리, 기타 활동, 수능 준비 때문에 더 바빠지겠지만, 투정을 부리는 대신 감사함을 표현해야겠다고 마음을 먹어 본다.

나는 표현을 잘 못한다. 고마운 일이나 미안한 일이 있어도 부모님께는 그런 말을 잘 하지 못한다. 다른 친구들한테는 잘 하는데 왠지 모르게 부모님께는 못하겠다. 그냥 눈빛으로 신호를 보내 알아주기를 바란다. 심지어 인사도 잘 하지 않는 딸이다. 내 주변 사람들에겐 인사를 매번 하는데, 왜 막상 나와 제일 가까운 부모님과 이런 간단한 인사조차 못하는 걸까. 멀리서 날 보고 손을 흔들어도 그저 미소만 지어보인다. 학원 다녀왔을 때도, 얼굴만 비추고 방에 다시 들어가곤 한다. 그래도 요즘은 인사를 매번 해보려고 시도를 하는 중이다.

항상 부모님껜 고마움과 미안함뿐이다.

사랑

이채은(순주의 딸)

우리 부모님은 꼰대실까?

답은 "아니요."다. 사실 살면서 꼰대에 대해 생각해 본 적이 없다. 꼰대에 대한 이야기는 SNS에서 웃음을 주기 위해 만들어진 영상으로만 접해 봤을 뿐이다. 그런데 머리를 쥐어짜 보았더니, 엄마가 꼰대라고 느껴진 적이 있었다. 바로, "안전"에 관련해서 말이다.

언젠가 내가 다급한 어조로 엄마에게 전화를 건 적이 있었디. 니는 장난이었지만, 임마는 내가 위험한 상황에 놓여 있는 줄 아셨나 보다. 엄마는 심각하게

"무슨 일이 있니?" 물으셨다. 나는 웃으면서

"그냥." 하고 대답했다.

"간 떨어지는 줄 알았잖아!! 앞으로 전화할 때는 차분하게 해!"

사실 그때는 엄마가 이해되지 않았다. 그냥 너무하다고 생각했다. '그저 장난이었을 뿐인데 꾸짖음까지 받아야 하나.' 이렇게 생각했다. 시간이 지난 지금 생각해 보니 정말 내가 어리긴 어렸나 보다. 부모님 입장에서는 걱정되는 것이 당연할 텐데 말이다. 어린 마음에 이런 엄마를 꼰대라고 생각했다.

하지만 내가 지금까지 본 우리 부모님은 정말 대단하시다. 우리 남매들을 볼 때면 늘 그런 생각이 든다. 언니, 오빠, 그리고 나, 세 명이나 되는 자식들을 훌륭하게 키워내고 계신다. 매일 아침, 우리에게 따뜻한 음식을 지어 주신다. 나는 이게 얼마나 힘든 일인지 이제는 안다. 이것만이 아니라, 엄마는 우리들을 위해 정말 많은 것들을 포기하신 것 같다. 그게 무엇이라고 정의 내리지는 못하겠지만, 나는 아마 그게 개인 '이순주'로서의 삶이라는 생각이 든다. 우리를 위해서 말이다. 엄마는 정말 다양한 역할을 맡으신다. 어떻게 한 명이 저걸 다 소화해 내지 싶을 만큼 정말 많은 역할을 말이다. 요리사나 치료사, 선생님이 되어 주시기도 하며, 때로는 나를 위한 조언자가 되어 주신다. 내가 인간 관계나 미래에 대한 고민으로 힘들어할 때마다 우리 엄마는 오직 나만을 위해 현실적이지만 따뜻한 조언을 주시고는 하신다. 그 조언은 나도 동의하는, 내가 할 수 있는 가장 최선의 선택이 대부분이었다. 내게는 그 어떤 슈퍼 히어로 부럽지 않은 엄마가 있는 셈이다.

나는 참 서툰 사람이다. 일상 생활에서 꼭 한두 가지 놓치는 것이 생긴다. 그게 물건인 경우가 대다수다. 그럴 때면, 엄마는 나도 생각지 못했던 내 물건들을 챙겼냐고 물어보신다. 그게 물일 때도, 지갑일 때도 있다. 나는 그제서야 아차! 하고 그 물건을 챙긴다. 정말 엄마가 내 뒷바라지를 참 많이 해주신다. 학교에서 집까지 약 30분 정도 걸리는 거리를 매주 데리러 와주신다. 가끔은 언니가 데리러 오기도 하지만 거의 매번 한 번도 빠지지 않고 학교까지 데리러 와주신다. 그리고 내가 집에 갈 때마다 집에는 항상 내가 좋아하는 귤, 딸기, 토마토, 샤인머스켓 등 과일과 고기가 있다. 내가 학교에 있을 때 가끔 사랑한다는 연락을 보내주신다. 이게 참 큰 응원이 된다.

나는 엄마 옆에서 자주 자는 편인데, 아침에 일어나면 꿀이 뚝뚝 떨어지는 눈빛으로 나를 보고 계신다.

새삼스럽지만 그 순간마다 엄마의 사랑이 깊게 와 닿는다. 내가 정말 행복하게 해주고 싶은 사람이 바로 우리 엄마다. 우리 엄마는 정말 세상 그 어떤 좋은 수식어를 갖다 붙여도 모자랄, 그런 훌륭한 사람이니까 말이다. 엄마가 내 인생을 응원하고 지지해 주는 만큼, 아니면 그보다 훨씬 더 많이 엄마를 지지한다는 걸 알아주었으면 좋겠다. 내가 엄마에게 소중한 것처럼 엄마 역시 내게 세상에서 제일 소중한 사람이니까 말이다.

당신 역시 엄마는 처음일 테지만, 당신이 있었기에 나는, 우리 남매들은 이렇게 성장했다. 당신의 세월이 있었기에, 당신의 눈물과 땀이 있었던 덕분에 우리 남매들은 보란 듯이 잘 성장했다. 남부러울 것 없이 풍족하게 자랐다. 당신의 자식들은 언제나 당신을 사랑하고 지지한다. 내 삶의 큰 목표 중 하나는 당신을 호강시켜 드리는 것이다. 당신 덕분에 내가 호강하며 사랐듯이 말이다.

섹션 2부
...

어른들의 이야기

제1장

우리도 너희와
같은 시절이 있었단다

힘겨웠던 나의 학창 시절

김현수(민이 아빠)

퇴근 후 현관 앞에 놓여 있는 너의 택배 꾸러미를 보면서 문득 학창 시절의 내 모습이 떠올랐다.

그때는 지금처럼 좋아하는 가수가 있더라도 앨범이나 굿즈 같은 물품을 사거나 하면서 덕질을 하기가 쉽지 않았다. 기껏해야 좋아하는 가수의 노래가 라디오에서 흘러나오면 카세트 테이프로 녹음을 하거나 레코드 가게에서 녹음본을 구입하는 정도였다. 정품 테이프나 앨범은 비싸서 엄두를 내지 못했다.

지금은 세월이 좋아져서 온라인 세상에서 오프라인 세상으로의 연결이 너무나 쉽게 이어지지만 내가 너희만 할 때만 해도 생각이 현실이 되기까지 많은 노력이 필요했다. 난 이문세, 조하문, 유재하와 같은 발라드 가수를 좋아했다. 그 가수들의 노래를 듣고 있노

라면 힘든 하루가 보상받는 느낌이었다. 그 가수들의 가사에는 사람 사는 이야기나 살면서 느끼는 아픔에 관한 얘기들이 많았다. 당시 그런 노래들을 좋아하고 공감했던 이유는 술만 드시면 폭력적으로 변하는 아버지의 행동에 음악이 일종에 도피처가 되었기 때문이다. 그래서 그 가수들의 노래, 예를 들어 이문세의 '광화문 연가', 조하문의 '내 아픔 아시는 당신께', 유재하의 '사랑하기 때문에' 등 원하는 노래를 원하는 시간에 듣기 위해선 공테이프를 카세트점에서 사서 좋아하는 라디오 프로그램에서 그 노래가 나오기를 카세트 플레이어 녹음 버튼에 손을 올려놓고 기다리고 있어야 했다. 그 모든 게 다 맞아 떨어져도 노래 도입부에 진행자의 목소리가 들어가서 녹음을 망치는 경우가 비일비재했다. 지금 생각해 보니 '그땐 그랬지' 하면서 추억에 잠기게 된다.

예전의 나의 모습을 떠올려 보니 네가 하는 행동이나 모습들이 이해가 되기 시작했다. 어쩌면 방법만 바뀌었지 느끼는 감정은 그때의 나랑 지금의 너랑 같지 않을까 생각한다.

앞에서도 잠깐 언급했지만 나의 학창 시절은 하루가

멀다 하고 이어지는 아버지의 주사와 식당과 여인숙 뒤편에 붙어 있는 나의 방에 매일같이 들려오는 손님들의 소음 등으로 인해 불안함과 인내의 연속이었다.

그때 나에게 유일한 안식처는 라디오였고 라디오에서 내가 좋아하는 프로그램이나 노래가 나올 때면 그 순간만큼은 현실을 잊고 마음에 평안을 얻을 수 있었다.

어린 시절 고향을 잠시 떠난 적이 있었다. 그때만 해도 자식을 공부시키기 위해 도시로 많이 나갔었고 우리도 예외는 아니었다. 물론 어린 나는 나의 의지와 상관없이 누나와 형을 따라갔다. 그때가 성인이 되기 전 부모 곁을 떠나 할머니 곁에서 보낸 국민학교(지금은 초등학교지만 예전엔 국민학교라 했음) 시절이었다. 가진 건 없었지만 친구들과 아무 걱정 없이 뛰어놀았던 유일한 학창 시절이었다. 그 이후 누나와 형의 잇단 진학 실패로 인해 초등학교를 졸업한 후 고향으로 돌아왔어야 했기 때문이다. 그 후론 암울했던 중·고등학교 시절을 지나 집을 탈출하고 싶다는 소박한 꿈을 이루어 대학에 진학하게 되었다.

지나고 생각해 보면 지루하고 암울한 학창 시절 동안에 이성 친구와 많은 교감을 하지 못하고 보낸 게 열심히 공부를 못한 것보다 더 아쉬움이 남는다. 치열하게 사귀어 보고 가능하면 사랑도 해보고 싶었지만 남중, 남고를 나오고 내성적인 내가 이성 친구를 사귄다는 것은 생각하기 힘들었다. 난 그 시절에 이성에 대한 직접적 사랑의 아쉬움을 책을 통해 간접적으로 느꼈던 거 같다. 그래서 사람 냄새 물씬 풍기는 수필이나 달짝지근한 연애 소설을 즐겨 읽고 감정이입도 하면서 나름 치열했던 사춘기를 보냈다. 그 당시 폭력적인 아버지와 불량한 친구들로 인해 힘들어하고, 어쩌면 삐뚤어질 수 있었던 사춘기 시절을 붙잡아 준 것은 그 무엇도 아닌 책이었다. 지금은 책이랑 조금 담을 쌓고 지내지만 어린 시절 나에게 이성적 위로가 되어준 건 책이고, 감성적 위로가 되어준 건 라디오라고 지금도 감히 얘기할 수 있다.

나와 우리의 시간

이은주(민이 엄마)

요즘 고등학생들처럼 나도 학교에서 집으로 오는 길에 이어폰을 귀에 꽂고 좋아하는 노래 들으면서 흥얼거리며 걷기도 하고, 주말이나 방학이면 늘어지게 잠을 자다가 점심쯤에나 일어나기도 했다.

친구들과 독서실에서 공부하다가 집으로 가는 길, 놀이터에 들러 동네 슈퍼에서 산 음료수와 과자를 먹으며 이런저런 이야기를 나누었다.

"우리 선생님 다크 서클 봤어?"

"응, 육아하신다고 정말 힘드신가 봐."

"어떻게 해? 수업 시간에 선생님 얼굴 보는 맛에 앉아 있었는데."

이렇게 시작된 이야기는 끝도 없이 이어졌다. 아이

들이 다 싫어했던 선생님이 아이들 때린 이야기, 서로 좋아하는 선생님 이야기, 좋아하는 연예인 이야기를 하느라 시간 가는 줄 몰랐다. 특히 독서실 옆자리 남학생이 친구한테 커피를 건넨 이야기, 아파트 엘리베이터에서 잘생긴 오빠 본 이야기를 할 때면 자연스럽게 목소리가 높아지고 깔깔대며 웃다가 주민들에게 시끄럽다고 야단맞고 도망가기도 했다.

어디 그뿐인가. 학생들이 대놓고 기다리는 4월 1일 만우절에 선생님 골탕 먹인 이야기며, 우리 학교의 전통인 무용 선생님께서 교복 입고 학생인 척 다른 선생님을 놀린 일이며, 콘서트 간다고 책상과 의자를 화장실로 옮겨 놓고 학교에서 탈출한 친구 이야기며, 온갖 에피소드와 모험담, '카더라' 같은 가십거리가 무궁무진하였다. 매일 매일이 이야기 천국이던 시절이었다.

그때는 그 순간들이 영원할 줄 알았다. 이리도 금방 지나가고 추억하게 될 줄 꿈에도 몰랐다. 마냥 엄마 밑에서 엄마가 해주는 밥 먹고, 친구들이랑 깔깔대며 지낼 줄 알았다. 공부 때문에 고민하고, 친구 때문에 고민하면서. 그때는 내 고민이 세상에서 제일 큰 고민이고 누구도 대신 해줄 수 없는 제일 힘든 고민이라고 생각하며 지냈다. 비교할 때는 항상 나를 조그맣게 여기면서도, 고민 앞에서는 내 고민이 세상에서 제일 무거운 것처럼 느껴졌다.

물론 우리도 공부 때문에 힘들었다. 시험 기간이면 독서실에 누가 먼저 왔는지 나름 신경이 쓰였다. 밥 먹으러 각자 집으로 가기는 하지만 독서실 나오고 돌아오는 시간이 왠지 신경이 쓰이곤 했다. 하지만 그것도 시험이 끝나면 아무 일도 아닌 것이 된다.

시험이 끝나면 제일 먼저 만화책을 빌려서 친구들끼리 돌려보곤 했다. 나는 순정 만화를 좋아했는데 특히 그림체가 예뻐서 이은혜 작가의 책을 좋아했다. 만화 속 남자 주인공들은 대부분 순정파면서 멋진 남자들이 많았고, 가끔 나쁜 남자가 나와도 마냥 멋있게 나왔다. 여자 주인공들은 왜 그렇게 하나같이 다 사랑스러운지…. 부럽기만 한 존재들이었다. 나도 여주인공처럼 예쁘고, 잘생긴 남자들의 관심을 받아봤으면… 하는 공상과 몽상 속을 떠돌기도 했다.

만화책을 보면서 하늘과 별에 관한 관심도 가졌다. 한때 천문학에 관심을 가졌지만, 지구과학을 공부하

면서 '아~~ 이 길은 내 길이 아니구나!'라는 것을 깨
닫고 포기를 하였다. 지구가 동에서 서로 도는 거랑
서에서 동으로 도는 것이 뭐가 다른지 이해를 못하겠
는 거야…. 흐흐흐

　그 순간순간이 모든 것이라 생각하고, 그것이 모든
것이라고 느끼고 행동했던 순간들이었다.
　그렇게 나와 나의 친구들…. 우리는 그 시간들을 지
나왔다.

나의 문제적 시점

김재홍(미성이 아빠)

나는 1976년 9월 29일 경북 영천 화산면 용평리에서 태어났다. 바로 집앞에 강물이 흐르고 있었고, 그 강에는 고기도 많았다. 여름철에는 친구들이랑 고기를 잡고, 잡은 고기로 불을 피워 먹기도 했다.

겨울이면 강이 얼어서 얼음배를 만들어 다른 동네까지 놀러도 다녔다. 작은 촌 동네라 집집끼리 다 아는 사이라 한 집에 어른이 없으면 다른 집에 가서 밥을 먹기도 했다.

이렇게 초등학교 시절을 보내고 중학교에 입학했다. 집하고 5분 거리에 있어서 학교 가는 길은 그렇게 힘들지는 않았다. 내가 다닌 중학교에는 세 개의 면에서 모인 학생들이 함께 다녔다. 다들 초등학교가 달랐다. 그래서 나처럼 중학교가 가까운 사람도 있었지만 제법 먼 거리에서 학교에 나와야 하는 친구도 많았다. 처음에는 서먹서먹했지만 티격태격하면서 차츰 친해졌다.

중학교 시절은 빨리 지나갔다. 중2 때 거의 진로가 정해졌다. 인문계로 가는 친구들은 공부에 열을 올리기 시작했고, 공고(지금의 특성화고)에 지원하려는 학생들은 그때부터 놀기만 했다.

공부하는 것에 별 취미가 없었던 나는 남녀공학고등학교로 진학했다. 공부에는 관심이 없었고 그냥 놀기만 했던 기억만 난다. 친구를 좋아했기에 매일 놀기만 했다. 수업 마치면 친구들과 당구장에 가서 당구를 치고, 배가 고프면 시장에 가서 친구들이랑 막걸리를 마시고, 이렇게 고교 생활이 하루하루 흘러갔다. 남녀공학이라 당연히 여자친구도 생겼다. 그 애는 버스로 통학을 했고 나는 스쿨버스로 학교까지 통학했다. 한 번씩은 여자친구가 스쿨버스에 타서 아침에 만나기도 했다. 공부를 싫어했고 친구들이 좋았다.

고1 때 집을 나와서 친구들과 같이 자취를 했다. 수업을 마치면 저녁에 알바를 했다. 1993년 그때 우리가 할 수 있는 알바는 술집밖에 없었다. 주점에서 새벽까지 일을 했고, 다음날 학교에 가면 자기만 했다. 학교 생활이 이러니 부모님이 학교 오는 날도 잦아졌다. 공부를 싫어했던 나는 결국 여자친구와 가출을 했다. 약 두 달에 걸친 가출이었다. 처음 얼마 동안은 별 걱정이 없었다. 여자친구도 있고, 하고 싶은 것은 하고, 내 맘대로 살 수 있어 좋았다. 그런데 돈이 떨어지니 많은 생각이 들었다. 그때 시절에는 폰뱅킹도 없고 삐삐로 서로 연락하던 시절이라 친구들에게 삐삐쳐서 돈을 좀 가져오라고 부탁하기도 했다.

가출한 지 얼마 안 지나 친구에게서 삐삐가 왔다. 전화를 하였더니 친구가 그간 사정을 말해 주었다.

"네 여자친구 부모님께서 너네 엄마 만나셨대."

"뭐라고, 진짜?"

사정을 들어보니 학교에서 불러서 부모님들이 만났다는 것이었다.

"야, 네 엄마가 니 여자친구 부모님께 죄송하다는 말만 계속 하셨대."

친구와 전화를 끊고 부모님께 전화를 했다.

"엄마, 죄송해요."

"그만 들어와라."

"미안합니다. 저, 여자친구만 보낼게요."

부모님께 걱정을 끼쳐드리고 속상하게 만든 것이 진짜 죄송하고 미안했다. 부모님과 전화를 끊고 담임 샘께도 전화를 드렸다.

"선생님, 죄송합니다. 저 여자친구하고 같이 갈게요."

여자친구에게 같이 간다고 거짓말을 하여 약속대로 터미널에 도착하였다. 그곳에서 나는 여자친구를 보냈다. 하지만 나는 경찰에게 붙잡혀서 경찰서로 가게 되었다. 외삼촌이 나를 가출 학생으로 경찰에 신고하였기 때문이다.

담임선생님께서 오셔서 얼마 동안 학교에 오지 말라고 했다. 집에 오니 부모님은 아무런 말씀을 안 하셨다 아무런 말씀도 없던 아버지는 나를 학교와 가까운 고모집으로 보냈다. 그곳에서 몇 달을 보냈다. 얼마 후 학교에서 집으로 연락이 왔다.

'여자친구와 연락도 하지 말고, 학교에서 마주쳐도 아는 척하지 마라.'

그 조건으로 퇴학은 면하고 다시 학교로 복귀했다.

그렇게 학교 생활은 또 다시 시작됐고 고2가 되었다.

고2 때였다. 하루는 담임선생님이 불렀다.

"너 취업 나가라."

"취업요?"

"학교보다는 취업이 너한테 더 좋을 것 같다."

보통은 고2 말쯤에 취업을 나가는데 학교에 정을 못 붙이니 취업을 권한 것이었다. 나쁘지 않을 것 같아서 구미의 방직회사로 취업을 나갔다. 하지만 취업을 나가고 얼마 안 되어 학교로 다시 왔다. 고등학교 졸업장도 없이 일하기가 쉽지 않았다. 졸업하기 전까지 학교에 있었다.

그렇게 3년 반 만에 고등학교를 졸업했다. 지금 생각해 보면 고교 시절 많은 경험을 했다. 그때는 철없다고 생각했던 일들이 내가 사회 생활할 때 조금은 도움이 되었다. 후회는 없다. 술집 알바를 통해 돈의 소중함을 알았고, 모르는 사람의 마음을 조금이나마 볼 수 있었다.

졸업 후 1년 동안 대구에서 자격증 공부를 했다. 이때도 같은 반 친구와 같이 나갔다. 이 친구도 공부에는 영 소질이 없었기에 우리는 둘 다 자격증보다 돈 버는 데 관심이 많았다. 대구야구장 쪽에 자취방이 있었다. 주말만 되면 진짜 시끄러워 자취방에서 친구들이랑 놀지도 못했다. 당연히 자격증 공부는 진도가 안 나갔다. 공부는 적성에 안 맞는 것 같아서 군대에 지원했다.

10대 첫사랑을 만나…

윤희정(미성이 엄마)

나는 10대 때 만난 첫사랑과 결혼했다. 동네 친구인 김재홍과 나는 시골 친구로, 그 친구 자전거 뒷자리에 앉아 동네를 누비며 다녔다. 여름이면 동네 강가에서 물놀이도 같이 하며, 부끄러운지 모르고 초등학교 생활을 보냈다.

목장을 경영하시던 부모님은 맏이이고 여자인 내가 동네 사람들에게 어떻게 비추어질지 걱정을 정말 많이 하신 것 같다. 딸 가진 부모라 당연하였을 것이다. 함께 동네를 누비고 다녔던 그 친구는 지금 맏사위가 되어 든든하게 우리 집 기둥 역할을 잘해 주고 있다.

난 그 시절엔 무슨 생각을 하고 살았을까?

매일 바쁜 부모님이 안쓰럽기도 했고 도와드리고픈

마음도 많았다. 하지만 그보다는 같이 여행도 못 가고 외식도 못 하는 것을 원망했던 시간이 더 많았다. 자유로운 나의 사고 방식과 다르게 아빠는 늘 바른생활 도덕 선생님 같은 말씀만 하셨다. 매일 잔소리로만 들려서 빨리 집을 탈출하고자 하는 생각이 많았다.

나는 1남 3녀 중 맏딸로 태어났다. 아무것도 가진 것 없던 아버지. 젊고 건강했던 몸 하나로 이 가정을 지켜왔고 일궈냈다. 자식은 많고 경제적으로 힘들었던 그 시절, 아빠가 건설 현장으로 가시고 집에 안 계신 날이었다. 비도 추적추적 오는 새벽쯤, 남은 우리 가족은 연탄에서 나온 가스인 일산화탄소에 중독되었다. 모두 죽을 듯한 고통에 겨우 눈을 떴다. 옆집 아주머니가 김치 국물을 한 가득 가져오셔서 우리 가족은 한 모금씩 돌아가면서 마셨다. 그제야 조금 정신이 들었다. 지붕에 비가 새고 몸은 친근민근이었던 그때 기억은 정말 또렷이 기억에 남아 있다.

이후 부모님은 작은 벽돌 공장을 운영하셨고 난 그 벽돌에 물을 계속 주면서 부모님을 도와드리곤 했다. 어느 날 하교 후 수학 숙제를 하고 있었다. 바쁜 부모님에게 우리를 돌봐줄 시간은 거의 없었다. 내가 숙제

하는 것을 보시고는 아빠가 깜짝 놀라셨다.

"아니, 이것도 모른다고? 네가 이렇게 공부를 못하는 줄 몰랐구나."

혼내시면서 나를 가르쳐 주셨는데 그때 혼나는데도 왠지 모를 기쁨이 솟아올랐다. 부모가 옆에서 관심을 가지고 있다는 것을 느꼈다. 다행히 난 그 이후로 공부를 참 잘하는 학생이 되었다. 부모님은 공부를 곧잘 하는 딸이 자랑스러웠을 것이다.

하지만 난 공부가 너무 하기 싫었다. 돈 벌고 싶고 내가 하고 싶은 것을 하고 싶었다. 공부한다고 거짓말을 하고 친구들과 어울려 다니길 좋아했다. 아빠는 내가 공부를 열심히 한다고 생각하고 막차를 놓친 나를 독서실까지 태워 주시기도 하셨다.

하루는 친구들과 어울려 포도밭에 서리를 하러 갔다. 남자애들 몇 명은 망을 보고 우리는 준비한 가위로 포도를 아주 빨리 잘라 담았다. 동네 개들이 짖고 주인이 밭으로 왔다. 미친 듯이 뒤돌아보지 않고 도망쳤다. 다행히 주인에게 잡히진 않았다. 놀이터에 앉아서 그 포도를 먹으며 재밌다고 얘기하던 순간이 기억난다.

어려서 철없다고 해도 참 나쁜 짓을 했구나 싶다. 재미삼아 했던 행동이었지만 이제 농사를 지어보니 새삼 알겠다. 그 더운 여름에 땀 흘려가며 농사지은, 자식 같은 과일을 훔쳐먹었던 것은 정말 잘못된 행동임을 새삼 느낀다.

어린 시절의 나는 항상 친구들과 놀고 싶어했고 호기심이 많아 여기저기 다니고 싶었다. 그래서 어른이 되어서는 여행 중독처럼 무조건 떠났고 우리나라 방방곡곡을 다녔다. 여행을 하면서 좋아하는 사진을 찍는 것이 그렇게 행복할 수가 없었다. 내가 이것을 많이 좋아하고 있구나 싶었다. 사람이 하고 싶은 것을 다 하고 살 수는 없겠지만 후회 없는 삶을 살 수 있도록 늘 노력해야 한다고 생각한다.

나의 10대, 20대, 30대, 40대, 이제 곧 50대가 된다. 내가 50대가 된다고? 정말 소설 같은 이야기다. 내가 50대가 되어서 이런 글을 쓰고 있다고? 이게 정말 현실인 걸까? 나에게 50대가 진짜 올 거라 생각해보지 않았다. 그냥 막연한 미래처럼 생각했다. 이 글을 쓰고 있는 이 순간도 내 나이가 믿기지 않는다. 50

대를 코앞에 두고 어린 시절의 먼 기억을 되살리고 있다니…

난 그때의 엄마 아빠의 모습이 되어 있고 아이들은 그때의 내 모습이구나. 정말 소름 돋는 순간이다.

딸들아~ 난 10대에 만난 첫사랑과 결혼해서 예쁜 너희들을 만났다. 정말 살면서도 신기하고 신비한 게 사람 인연이다. 그래서 한순간도 허투루 살지 말고 모든 것에 진심으로 대하며 살길 바란다.

까까머리 친구들

김영제(우현 아빠)

내가 다닌 고등학교는 한 학급에 50여 명의 남학생이 있고, 15학급이 있었던 인문계 고등학교였다. 아침 8시에 등교하고 밤 10시에 하교하는 그 당시 전형적인 고등학교였다.

1교시만 끝나면 배가 고파서 쉬는 시간에 도시락을 아침 겸 간식으로 먹었다. 어떤 친구는 수업 시간에 책상에 도시락을 숨겨서 선생님 몰래 먹는 것이 마치 대단한 용기인 것처럼 호기롭게 먹기도 했었다. 누구는 책 사이에 만화책을 숨겨서 선생님의 설명을 하나도 빠짐없이 듣는 것처럼 연기하면서 보기도 했다.

쉬는 시간이 되면 흥이 많은 친구들은 교단으로 가서 춤을 추면서 장기 자랑을 했다. 그 당시 최고 히트 가수는 단연 서태지와 아이들이었다. 이 친구들은 쉬는 시간의 공연을 위해 수업 시간에 에너지를 축척한다. 머리를 15도만 숙이고 손으로는 턱을 고정하여 흔들림 없이 정말 열심히 집중하는 학생처럼 신들린 연기자가 되었다.

점심시간이 되면 1교시 때 도시락을 이미 먹었기에 학교 종이 울림과 동시에 매점으로 뛰어갔다. 당시 인기 있었던 매점 햄버거의 패티가 닭 머리로 만들어졌다는 소문도 있었지만 그 부분은 아직도 알 수가 없는 풍문이다. 그래도 그때 먹었던 햄버거는 지금의 유명 브랜드의 햄버거보다 맛있었다.

점심 이후의 시간은 잠과의 전쟁이었다. 특히 윤리나 역사 시간이 최대 고비였다. 식곤증과 과목의 단조로움으로 단잠을 자다가 선생님에게 걸리면, 운이 좋으면 회초리 몇 대로 아니면 교실 뒤로 가서 손을 들고 있는 벌칙에 걸리기도 했다. 신기하게도 수업시간에는 식곤증으로 병든 병아리마냥 꾸벅꾸벅 졸다가도 쉬는 시간이 되면 어김없이 서태지가 나타나고 아이들은 복도나 매점으로 열심히 뛰어다니곤 했다.

정규 수업이 끝나면 자율이란 이름만 있는 자율수업을 했다. 지금부터는 연기자들이 대거 등장한다. 쉬는 시간마다 공연을 했던 우리의 서태지가 아프기 시작한다. 속이 좋지 않다. 몸살 증세가 있다는 가지가지의 증세로 조퇴를 시도한다. 사실 조퇴의 성공 확률은 당직 선생님의 요인이 가장 크다. 학생주임 선생님 또는 체육선생님이 있는 날이면 대부분의 서태지는 조퇴 시도를 하지 않는다. 그러나 미술, 음악 선생님 등 비교적 온화한 선생님이 당직이면 상당한 서태지가 원정 공연을 준비하는 마냥 조퇴를 적극적으로 시도한다. 신기하게도 조퇴에 성공하는 친구는 교문을 나가는 순간 대부분의 병이 완치가 되었다.

수능시험 100일 전에 백일주를 먹어야 한다는 그당시 나름의 전통이 있었다. 호기롭게 자율학습 시간에 백일주를 먹어보겠다고 친구들과 작전회의를 했다. 흰 우유를 먹고 그 안에 막걸리를 채워서 선생님 몰래 홀짝거리면서 자율학습에 먹기로 나름 계획을 세웠다. 선생님이 전혀 눈치채지 못하게 우유 팩에다가 막걸리를 넣고 수능 백일을 기념하는 성스러운 의식을 진행하였다.

　난 그때 알았다. 내가 알코올이 몸에 들어가면 얼굴이 아주 붉어진다는 것을. 그래서 선생님에게 성스러운 의식이 발각되고 함께 계획했던 친구들과 나는 선생님의 가위로 머리카락이 잘려 땜빵이 생겨서 까까머리가 되었다. 그때 까까머리 친구들이 지금 가장 친한 친구들이다.

나도 모든 것이
서툴렀던 적이 있었단다

이경미(주은이 엄마)

어릴 적 나를 떠올려 보면 뭐든지 어설픈 아이였던 것 같다. 어른들이 말하는 야무진 것과는 거리가 멀었던 것 같다.

아들 하나에 딸 셋인 집안의 맏이. 나는 맏이였다. 어머니 혼자서 4남매를 키우시다 보니 어머니는 늘 엄격하고 무서우셨다.

아버지는 2학년 때 돌아가셨다. 그래서 아버지의 기억은 별로 없다. 아버지 친구분께서 오셔서 만 원짜리 한 장을 주셨는데 그때가 초등학교 1학년쯤 되었을까? 난 과감하게 그 돈으로 키티 동전 지갑을 8000원 주고 샀다. 그때 아버지에게 야단맞았던 것이 첫 기억이고, 몇 개 안 되는 기억 중 하나이다.

어린 시절을 돌이켜보면 머리가 나빴던지 공부도 참 못했던 것 같다. 중학교 1학년 들어가기 전, 날씨가 엄청 추웠던 것으로 기억된다. 어머니가 그 당시 35만 원이나 한다는 영어, 수학, 과학 학원에 나를 보내셨다. 그 학원은 온 사방이 칠판으로 둘러싸여 있었고 수학 선생님께서는 한 문제를 푸는데 힌트만 주실 뿐 혼자서 문제를 칠판에서 고민했어야 했다. 처음에는 공부하는 방식이 익숙하지 않았지만 여름이 올 때쯤부터는 그 방법이 수학을 푸는 방법으로는 정말 괜찮다는 것을 알게 되었다. 그러나 학교 성적은 별로 오르지 않았다. 이후에도 어머니께서 이런 저런 과외나 학원에 보냈지만 성적의 변화는 별로 없었다.

시험 기간이 되면 친구와 같이 공부하겠다고 우리 집이나 친구 집에 모였다. 둘이서 맛있게 떡볶이 해 먹고 잠을 자면 아침이 되곤 했다. 매번 똑같은 상황이 벌어졌지만 우리는 항상 만났다.

"야, 우리 이렇게 먹고 자고 이러다가는 안 되겠다."

"우리 박카스 먹고 공부할까?"

"좋아, 먹자."

당시 졸음을 없애기 위해 박카스를 먹는 친구들이 많아 흉내를 낸 것이었다. 하지만 그것도 아무런 도움이 되지 못했다. 오히려 그때 이후로 박카스를 먹으면 기분만 나쁘고 속이 너무 불편해졌다.

수능을 치기 전에는 수학 과외를 엄청 했는데 도통 성적에는 변화가 없었다. 영어는 내가 너무나 좋아하던 과목이다 보니 걱정이 없었다. 하지만 영어 한 과목 잘해서는 영문과에 가기 힘들었다. 영문과를 가겠노라고 공부를 했지만 수능 점수는 상상도 할 수 없을 만큼 엉망진창, 망했다. 이 성적으로 전문대 영문과도 갈 수 있을지 의문이었다.

혹시나 미달인 학교가 있을 수 있으니 일단 몇 군데는 내어보자며 냈지만 당연히 다 떨어졌다. 그러자 어머니께서는 빠르게 실기가 있는 전문대에 가사고 실기 준비를 하자고 하셨다. 완전히 생소한 것이었지만 기술이란 게 연습에 연습을 하면 된다고 하시기에 매일 연습을 했다. 결국 대학에 합격이 되었다.

대학교는 생각보다 다른 분위기였다. 담배 피고 화

장을 심하게 하고 나이트를 하루가 멀다 하고 가는 아이들을 만나 그 아이들과 어울리는 것은 생각보다 힘들었다. 그런 낯선 세계와 어울리면서 사춘기도 없이 보냈던 나에게 작은 일탈이 시작되었다. 우리 과는 작업도 많이 하고, 돈도 많이 들고, 시간도 아주 빡빡하게 보내야 했다. 재료 사야 한다고 어머니께 거짓말을 하고 나이트도 가고, 일출을 보러 간다고 하고 과 오빠들과 놀러 가고, 참 새로운 경험이었다. 그런 시간을 보냈기에 난 지금 별로 아쉬운 생각이 없다. 그런 어설픈 아이가 대학에서 새로운 경험을 하고, 생활형 E로 바뀌었다. 생존하기 위해 바뀐 E. 원래 내면은 아직도 I지만 말이다.

I인 나는 무조건 남에게 맞추는 타입으로 사람들을 의식하면서 살았다. 부당한 상황에서도 내가 못나서 그런 대우를 받는 거라고 여기고 살았다. 그저 참는 것만 몸에 밴 것 같다.

나는 엄마가 되었다. 그렇지만 나에게 오랫동안 밴, 사랑받기 위해서 무조건 참아야 한다는 생각이 변함이 없다 보니 내 안의 상처들을 나보다 약한 아이에게 고스란히 남기고 말았다. 나와 너무도 닮은 첫째 아이에게 말이다. 그 아이에게 그것이 상처가 된다는 것을 인식하지도 못한 채 말이다. 둘째, 셋째를 낳고 시간이 흐르면 나아질 줄 알았다. 그렇지만 그것을 인식한다고 해서 오랫동안 묵혀온 것들이 하루아침에 고쳐질 리 없었다.

그러다 둘째가 초등학교 1학년이 되던 해부터 내 안에 감정들이 요동치던 진짜 이유를 찾고 또 찾았다. 내 안의 내가 그동안 그렇게 요동쳤던 이유는 나를 무시하고 다른 사람들의 시선으로 나를 채웠기 때문임을 깨닫게 되었다.

보통 아이들은 3~4살이 되면 완전한 문장으로 이야기를 할 수 있다. 그런데 막내는 고작 단어로만 이야기했다. 그것이 고민되던 때 친구에게 막내를 데리고 갔다. 거기서 놀라운 사실을 알게 되었다. 막내는 말을 못한 게 아니라 말을 하지 않았던 것이다! 한 달 정도 미술치료를 받았을까? 말을 하기 시작하는데 너무 잘하는 것이었다.

그때부터 친구와 요일을 정해 매주 부모 교육을 했다. 진짜 내가 아이에게 주고 싶은 가치를 다룬 책을 읽으며 공부하기 시작했고, 미술치료도 배우기 시작했다. 처음에 미술치료는 재미있었다. 몇 개월이 지나니 내 안의 역동이 올라와 '이 공부를 못하겠다.'며 난리를 쳤다. 하지만 선생님께서 나의 이야기를 조용히 들어주시면서 "할 수 있다."며 다독여 주셨다. 참고 다시 공부하는 과정을 반복하면서 차츰 고요함을 찾는 방법을 알게 되었다. 너무나 오랜 시간이 걸렸지만 내가 행복해질 수 있는 방법을 이제야 찾게 되었다.

흔들흔들 두근두근

박기성(진아 아빠)

　아침 7시에 탄 버스는 흔들리며 가고 있었다. 참 신기하게도 그 버스는 여고까지는 정말 빨리 가다가 여고를 지나고 우리 학교까지는 아주 천천히 갔다. 버스 안에서 여고까지는 묘한 긴장감이 있었지만, 여고를 지나면 그 긴장감이 흩뜨려졌다. 우리 학교는 개인 사물함이 없어, 공부할 모든 참고서와 교과서를 한 보따리 지고 버스에 탈 수밖에 없었다. "가방 주세요."라고 흰 손을 내밀며 내 가방을 받아주던 한 소녀를 지금도 기억한다. 그 얼굴은 잊어 버렸지만 그 목소리와 그 흰 손은 아직 내 마음에 있다.

　우리 고등학교는 운동장이 아주 넓었다. 7시 30분에 등교하면 밤 10시 야간 자율학습이 끝날 때까지 학교에 머물러 있어야 했다. 교실에서 바라보던 운동장은 참 넓고 쓸쓸했다. 해가 떠 있을 때는 50분 수업과 10분 휴식이 무한히 반복되었다. 10분 휴식이 아니고 10분 꿀잠 또는 10분 수학 풀이였다. 점심시간 식사 후 30분이면 농구를 땀 흘리게 할 수 있다. 그렇게 50분과 10분이 밤 10시까지 이어지다 교실 밖에 나오면 그 넓은 운동장 위로 달이 비치고 있었다. 그 달빛은 넓은 운동장보다 더 넓은 하늘 전체를 구석구석 비치고 있었다. 그 아래 내가 서 있었다.

하지만 그때 나는 생각이 없었다! 학교라는 틀에서 50분과 10분이라는 쳇바퀴를 무한히 돌면서, 그 돌아가는 관성에 순응하며 또 흔들거리고 있었다. '앞으로 무엇을 할까.' 생각을 하면 그 넓은 운동장에 홀로 선 것처럼 불안하고 공허하고 쓸쓸하기만 했다. 그 불안한 마음은 다시 쳇바퀴 속으로 들어갈 때 조금은 잊혀졌다. 불안해질 때마다 더욱 쳇바퀴 도는 것에 더 집중을 했다. 그리고 어느 순간 내가 쳇바퀴를 돌리고 있다는 것을 깨달았다. 그 후 나는 그 쳇바퀴를 고정쇠에서 끌어내어 내가 원하는 길로 데려다주는 자동차에 바퀴로 달 수 있었다.

불행하게도 지금 기억나는 것은 고등학교 대부분을 차지하던 쳇바퀴가 아니다. 쳇바퀴에서 내려 잠깐잠깐 세상을 둘러보던 내 어리고 행복했던 모습이다. 야간 자율학습 전 친구들과 같이 먹던 떡볶이와 납작만두를 기억한다. 늦가을 청바지와 운동화로 올랐던 화왕산 정상에서 억새들이 바람에 온통 흔들리던 것을 기억한다.

특히 '태을성'이라는 문예 동아리 활동도 기억난다. 주위 고등학교 학생들을 초대하는 시화전에서 시를 적고 거기에 어울리는 그림을, 나름 최선을 다해 그렸다. 하지만 힘들이지 않고 쓱싹거린 친구의 글과 그림을 보고는 '재능은 타고나는 것'이라는 것을 깨달았다. 그때 실망을 많이 했지만 그래도 그 당시 내가 지은 시 중에서 지금도 외우고 있는 시가 있다. 이것으로 내 학생 시절 치기 어린 고등힉교 때를 기억한다.

백조

홀로 흐린 강가에 서서
인생을 여운을 찾다가
붉게 타는 제 모습에 놀라 고개를 치어든 백조
눈물 젖은 눈으로 황혼을 보다,
핏빛 물든 구름을 향해 마지막 날개를 펴다.

잊고 살았던 그 시절 이야기

이순주(채은이 엄마)

엄마도 네 엄마가 되기 전엔
어린아이였고 사춘기 학생이었단다.

가끔 생각하지만 시골에서 태어나서 보낸 유년 시절은 정말 좋았다. 봄에는 친구들과 산과 들로 신나게 돌아다니고, 여름에는 냇가에 모여서 하루가 다 지나도록 물놀이를 하고, 가을에는 뒷산에서 감도 따 먹고 사과도 따고 밤송이를 뒤직여 밤도 많이 주웠다. 겨울에는 소매에 콧물 닦아가며 집에서 만들어준 썰매를 타고 놀았다. 물이 고여 얼어 있는 논에 모여 뺨이 얼고 손이 트는 것도 아랑곳하지 않고 해질 때까지 얼음 썰매를 타고 놀았다.

초등학교 4학년 말에 갑작스럽게 대구로 전학을 오

면서 내 일상은 빠르게 변해버렸다. 새 학교, 새 친구, 새로운 동네 그리고 부모님과 떨어져 살아야 했던 그 불편하고 싫었던 느낌. 낯설고 멋모르는 도시 생활의 시작은 어린 나를 정말 힘들게 했다. 하지만 걱정이 무색하게 금세 동네 친구들도 사귀고, 학교 생활도 익숙해졌다. 친구들과 이 동네 저 동네 구석구석 많이도 돌아다녔다. 철길 따라 아주 멀리 옆 동네까지 갔다가 길을 잃어버릴 뻔하기도 했다.

가까운 곳에 중학교가 없어서 버스를 타고 등하교를 했다. 첫 버스 등교라 정류장을 지나칠까 긴장도 많이 했다. 그래서 버스 회수권을 여러 장 구입해 놓았었다. 그땐 버스가 자주 안 다녀서 등교길이 정말 힘들었다. 버스 한 번 놓치면 무조건 지각이었다. 중2 땐가 자유로운 영혼을 강조하던 옆자리 짝꿍을 만나 그 친구 따라 롤러스케이트장도 처음 가보고, 뼈 있는 닭발도 처음 먹어 보았다. 남자애처럼 씩씩한 친구, 모기만한 목소리의 착하기만 했던 친구, 발레하던 예쁜 친구도 있었는데 이제는 다 잊고 살고 있다.

콩나물시루 같던 고등학교 통학 버스는 학생들이 많아 정말 타기 힘들어 눈앞에서 그냥 보내야 했던 날도 종종 있었다. 그래서 하는 수 없이 다른 코스의 버스를 타고 가서 내려 20분 정도 걸어서 학교에 갔다. 가는 중간에 친구 만나 수다도 떨고, 오는 길에 군것질도 하고 또 수다 떨고, 그러다 집까지 걸어오기도 했다. 집과 학교의 무한 반복이던 시절이었지만 참 재미있었다. 월요일마다 운동장에서 항상 같은 말만 하셨던 것 같은 교장선생님의 훈화 말씀을 들어야 했던 길고도 지루한 아침 조회 시간. 학교에서 키우던 시끄러운 칠면조 한 쌍, 그 앞 연못 속에서 헤엄치고 다니던, 항상 배 터질 듯 보였던 이름 모를 물고기들, 체육 시간 땀을 식혀주던 등나무 아래 벤치들, 그냥 마셔도 꿀맛 같던 시원한 수돗물, 무지무지 힘들던 체력장 연습, 언니가 싸준 도시락 두 개는 어쨌는지 2교시 끝나기 무섭게 학교 매점을 향해 빛의 속도로 3층을 뛰어 내려갔었다. 애들 틈을 힘겹게 비집고 들어가 쟁취했던 튀김 만두와 튀김 꽈배기는 그 어떤 과자보다도 맛있었다.

고등학생 때 빼놓을 수 없는 저녁 보충 수업과 야간 자율학습도 지금 생각해 보니 나름 재미있었다. 여태껏 잊고 살았는데 하나하나 되새겨보니 정말 재미있는 일도 많았던 시절이었다. 굴러가는 낙엽만 봐도 꺄르르 웃음 나던 그 시절, 친구들, 선생님들 모두 그립다.

공부에 지치고 불투명한 미래에 그때는 아마 불안하였을 것이다. 하지만 나이 들어 생각하니 아쉽고 소중한 시간이다. 소중한 인연과 추억으로 가득한 행복한 시간이었다.

제2장

나에게도
여전히 가슴 뛰는
꿈이 있단다

이제서야 꿈을 꾸다

김현수

나의 학창 시절은 하루하루 살기에도 힘겨웠다. 미래에 대해 고민하고 꿈을 이루기 위해 노력하는 것조차 사치라고 생각했다. 막연히 대학 가서 집을 벗어나는 정도가 꿈의 전부라 해도 과언이 아니었다.

지금 와 생각해 보면 아쉬운 점이 많지만 그 당시 환경과 분위기에서 내가 할 수 있고 꿈꿀 수 있는 것은 한계가 있었다. 십 대 학창 시절을 지나 대학을 졸업하고, 해외에서 어학 연수를 하고, 결혼을 하고 아이들을 키우고, 돌아보면 정말 많은 일들이 있었다.

하루하루를 살아가다 보니 미래에 대해 꿈꿀 시간도 없이 세월만 지나버렸다. 이제 와 부쩍 미래에 대해 생각이 많아졌고 어떻게 하면 더 나은 삶을 살 것인가에 대해 고민하게 되었고, 꿈이 조금씩 구체화되어가기 시작했다.

내가 살고 싶은 집, 하고 싶은 여행, 먹고 싶은 음식 등 이런 일상의 소소한 행복을 이루기 위해서 돈이 필요하고, 그 돈을 벌기 위해 경제 활동을 하지만 매달 들어오는 고정 수입으로는 턱없이 부족하다는 것을 느꼈다.

나는 주말에는 산과 바다가 보이는 전원주택에서 생활하다가 평일에는 도심의 편리함을 누리고 싶다. 가끔은 아내랑 같이 맛집 투어를 하면서 전 세계를 돌아다니고 싶다. 아직 구체적인 도시를 생각해 보진 않았지만 그건 아내랑 상의하면 될 것이다. 나의 삶에 아내를 빼고서는 의미가 없기 때문에 집이든 여행이든 음식이든 모든 순간이 아내랑 함께였으면 좋겠다.

지금 당장은 아이들도 어리고 여건도 되지 않아 꿈을 이루기 쉽지 않지만 아이들은 언젠가 다 자랄 것이고, 시간적 여유가 생겼을 때 돈이 없어 나의 꿈과 멀어진다면 정말 가슴이 아플 것이다.

그래서 깨달은 것이 내가 일하지 않더라도 자연스럽게 자산이 늘어나는 금융 소득을 키워야겠다고 생각했고 그 방법으로 주식투자를 선택했다. 전 세계적으로 유행한 전염병인 코로나를 거치면서 집에 있는 시간이 많아졌을 때 투자에 대한 공부에 많은 시간을 할애했다. 처음에는 실수와 시행착오도 많이 거쳤지만 공부한 내용을 토대로 투자를 하고 성과를 냈을 때는 가슴 뛰는 성취감이 있었다. 주식투자 중에는 직장생활을 하면서 장기로 투자하는 것도 있지만 내가 진정하고 싶은 것은 트레이드로 재야의 고수가 되는 것이다. 보통은 전업투자자라고 하는데 내가 원하는 시간에 내 능력껏 원하는 거래를 하고 나머지 삶은 내 자신을 위해 투자하는 삶, 얼마나 가슴 뛰고 멋진 삶인가?

솔직하게 말해서 숫자가 움직이는 호가창, 즉 거래창만 보고 있어도 가슴이 뛴다. 나이 오십에 무언가를 하면서 가슴 뛰는 일이 얼마나 있으랴. 물론 뜻대로 되지 않을 때는 속상하지만 부단한 노력으로 이겨내야 할 것이다. 성격의 적합성, 어느 정도의 시드 머니 등 갖춰야 할 것들이 많지만 열심히 하면 그렇게 될 수 있다는 상상만으로도 가슴이 뛴다.

나이 오십이 다 되어서야 조금씩 꿈이 생기기 시작했다. 열심히 하면 나의 꿈을 이룰 수 있지 않을까 하는 생각에 가슴이 두근거릴 때도 있다. 물론 지금도 꿈을 이루어가는 과정이고 가는 길이 평탄하지는 않지만 그래도 무언가를 위해 노력하고 꿈꿀 수 있다는 것 만으로도 만족한다. 꿈을 이룬 후 결과로 얻어지는 것들도 소중하지만 그 일을 하는 과정에서 정말 가슴 뛰는 경험을 하는 것도 중요한 것 같다.

지금은 지켜야 할 것도 많고, 하고 싶다고 무턱대고 할 수 있는 나이는 아니지만 이 꿈의 끝에는 가족들의 행복이 맞닿아 있기 때문에 어느 정도 목표를 이룰 때까지 포기하지 않고 계속 노력할 생각이다.

고민 많은 나의 꿈

이은주

나의 꿈은 선생님이었다. 어릴 적 외갓집에 가면 사촌 동생을 자주 돌보아 주었는데 어느 날 외숙모가 말씀하셨다.

"너는 나중에 선생님 해라."

"네?"

"애들 데리고 잘 놀아주고, 잘 가르쳐주고, 이렇게 다정하게 해주는 걸 보니 선생하면 잘 하겠다."

옆에 계시던 외할머니도 그렇다고 맞장구쳐 주셨다. '그런가?' 두 분 말씀이 마음에 살짝 내려앉았다. 그때 그 장면이 내가 처음으로 선생님이라는 직업을 생각해 본 계기였던 것 같다. 게다가 내가 다니던 유아원 선생님을 너무 좋아했던 기억이 있어 선생님을 하고 싶다는 생각이 깊어졌다. 누군가를 돌봐준다는 것이 나는 너무 좋았다. 아마 장녀로서의 성향도 한몫한 것이 아닌가 싶다.

그렇게 나는 선생님이 될 거란 생각을 은연중에 지니고 살았던 것 같다. 목표도 당연히 교대였다. 그런데 바로 그때 IMF가 터졌다. 갑자기 터진 경제 위기로 인해 안정된 직장이라 여겨지는 학교나 학과의 입학 커트라인이 급격하게 올라갔다. 교육대학도 그중에 하나였다. 못 나온 성적은 아니었지만, 교육대학에 들어갈 성적이 되지 못한 나는 다른 길을 모색해야만 했다. 특수교육도 생각하고 면접도 봤지만 잘되지 않았다. 그래서 나는 듣도 보도 못한 '물리치료과'에 입학하게 되고, 대학 생활을 하다가 장애인 전담 어린이집에 물리치료사로 들어가게 되었다.

그곳은 장애가 있는 아이들의 어린이집이었다. 지체 장애 아이들은 신체적인 발달을 위해 물리치료가 필요하기 때문에 어린이집에는 물리치료뿐만이 아니라 작업치료나 심리치료, 인지 치료 등 여러 치료사 선생님들이 같이 근무하였다. 우리는 아이들을 치료하면서 보육도 하는 선생님이었다. 결국 '선생님'이

된 것이다.

나는 다른 선생님들과 함께 아이들을 치료하며 지냈다. 아이들의 신체적인 문제점을 개선하기 위해 공부도 열심히 했다. 아이들이 나를 '선생님'이라 불러주고, 내가 아이들에게 도움이 되는 것에 보람을 느끼면서 일을 했다.

그렇게 3년 넘게 일을 하다 결혼하고 나의 육아기에 들어갔다. 민이와 솔이와 호야를 양육하면서 나도 성장을 했다.

나의 꿈은 '선생님'이었다. 이때의 선생님은 그냥 호칭으로서의 선생님이 아니라 실행력이 있는 단어로서의 '선생님'이었던 것 같다. 요즘 사회에서는 호칭을 붙이기 애매하면 거의 '선생님'을 붙인다. 누구나 선생님인 세상이다. 하지만 내가 추구한 선생님은 그런 의미의 선생님이 아니라 움직이고 실행하는 '선생님'이었다. 나의 능력이 필요한 곳에서 충분히 쓰임을 보여주는 선생님. 그래서 직장에서 새로운 업무가 주어지면 '내가 배우면서 쓰임이 되었으면 좋겠다, 한번 해보겠다.'는 마음으로 즐겁게 했던 기억이 난다. 그 기억이 나를 아직도 행복하게 해준다.

그때의 행복감을 다시 생각해 본다. 그 행복을 찾아서 지금이라도 무엇인가를 해보고 싶다는 생각을 한다. 지금도 하고 싶은 것은 많은데 이런저런 핑곗거리부터 먼저 떠오른다. 아직 은호가 어리다. 우리 형편에 아직은 무리다. 집안일도 안 되는데 무슨…. 그런 것들을 생각하면 속상하면서도 한편으로는 마음이 편하기도 하다. 나에게 변화가 일어나면 우리 가정에도 변화가 일어나게 되고 나로 인한 불편함을 우리 가족들이 감당해야 한다면 내 마음이 너무 불편하기 때문이다.

아이를 키울 때는 엄마의 역할에 충실히 하겠다고 생각하며 살아왔다. 나의 시간은 오롯이 엄마로서의 시간이었다. 하지만 이제 민이를 시작으로 나의 손길이 필요치 않은 상황이 점점 다가올 것이다. 그 전에 나도 의미 있는 시간을 위한 준비를 하고 싶다.

항상 고민만 한다. 나이 사십에 무엇인가를 혼자서 해볼 줄도 알아야 하는데, 주어진 것 외에는 어떤 것도 해볼 노력도 여지도 없는 삶이 요즘은 답답하게 느껴진다. 무엇을 할까? 생각하면 설레지만, 막상 무엇을 할지 생각하면 또 다른 고민과 두려움이 생긴다. 내가 뭘 할 수 있을까?

어디가 숲인지 어디가 늪인지

김재홍

어릴 때부터 꿈은 형사였다.

나는 힘 없는 놈에게 갑질하는 놈, 힘 있는 놈에게 살살 기는 놈이 아주 못마땅했다. 그래서 형사가 되고 싶었다. 정의 실현 이런 걸까? 그래서 군대에서도 공수부대로 갔다. 형사 생활하는데 베이스가 될까 싶어서 일부러 지원했다. 공수부대 생활 4년 6개월을 하고 제대를 했는데 도움되는 것은 제대해서 남들에게 지시하는 거. 술 먹고 시비 거는 사람 때리는 거~ 형사 생활하는 데 아무런 도움이 안 되는 것만 배워 왔다.

내 꿈은 형사였다. 시험 한 번 쳐 볼까 생각도 못했다. 그땐 왜 그랬을까? 진짜 시험이나 쳐 보지. 지금에 와서 생각하면 좀 후회가 된다. 그래도 이유를 생각해 보면 그때 난 돈을 벌어야만 했다. 내 스스로 벌어야지 부모님 걱정을 조금이나마 덜어준다고 생각했다. 난 막내다. 형, 누나가 있다. 그 당시에는 대부분 맏이에게 올인을 했다. 물론 누나는 빼고. 나까지 부모님께 기댈 자리는 없다고 생각을 했던 거다. 그래서 군대도 하사관으로 지원했다. 돈을 주니까.

난 돈이 어떤 힘을 가진 것인지 초등학교 때 알았다. 초등학교 때 동네 친구들은 태권도 도장을 다녔다. 집 앞까지 노란 태권도장 차가 오면 얼마나 타고 싶던지, 태권도 차가 오는 시간이면 난 어김없이 집에 숨어서 봐야 했다. 그 어린 나이에 돈을 알았다. 내가 하고 싶은 것을 하려면 돈이 필요하구나. 돈이 없던 나는 내 꿈을 접을 수밖에 없었다.

내 꿈은 형사였다. 그냥 꿈이다. 제대해서 집에서 쉬고 있는데 부모님이 야간 대학에 가라고 했다. 지금에 와서 생각을 해보니 막내아들이 고교생활 때 공부 많이 못한 것이 마음에 걸리셨나 보다. 그래서 부모님이 그렇게 조심스럽게 얘기를 하셨나 싶다.

그냥 재미 삼아 야간 대학에 입학을 했다. 낮에는 일을 하고 저녁에는 야간 대학에 다녔다. 일하고 있는 곳도 전공하고 잘 맞았다. 당시 나는 사무용 가구를 제작하는 공장을 다녔는데, 실내 인테리어과를 다니면서 재미도 있었고 친구들도 좋았다. 야간대 다니던 2년 동안 실내인테리어 기사 자격증도 따고 웬만한 대기업 들어갈 학점도 땄다.

나는 현재 예쁜 딸딸이 아빠다. 형사 되고 싶었던 꿈을 접고 현재는 사회부 부장 기자로 일을 하면서 부모님이 물려주신 땅에 아주 조금 농사를 짓고 있다. 농장에는 작은 유리 온실도 있다. 우리 부부의 휴식처고 만남의 광장이다. 주말이면 전화 없이 찾아오는 친구, 군대 고참, 동생들이 끊이지 않는다. 사실 이런 것들은 소소하게 내게 행복감을 준다. 몇 년 전에는 텔레비전에서 하는 한국 기행에도 나왔다. 어쩌다 농부로.

내가 어렸을 때부터 꿈꾸었던 것은 이루어지지 않았다. 하지만 그렇다고 그리 아쉽지는 않다. 나는 새로운 꿈을 꾸면서 하나하나 성취하며 살았으니 말이다. 이루지 못한 꿈이지만 좋은 추억으로 남겨두고 싶다.

꿈을 찾아 여기에

윤희정

그렇게도 시골 생활이 싫었던 나였다. 빨리 성인이 되어 집을 탈출해서 서울로 떠날 생각만 했다.

아침 출근길, 라디오에서 태연이 부르는 '꿈'이 흘러나온다.

화려한 도시를 그리며 찾아왔네
그곳은 춥고도 험한 곳
여기저기 헤매다 초라한 문턱에서
뜨거운 눈물을 먹는다

조용필의 '꿈'이라는 노래이다. 이 노래 가사를 예전엔 알지 못했다. 내 눈엔 어느새 눈물이 주르륵 흘러내리고 있었다. 나는 화려한 삶을 그리며 서울로 상경했지만 결국 사업 실패로 눈물을 머금고 다시 시골로 돌아오게 되었다.

난 무엇을 하고 싶은 걸까? 결혼하고 두 아이를 정신없이 키우며 살았다. 어릴 적부터 무엇을 하고 싶다는 생각은 많지 않았다. 그저 막연한 부자가 되고 싶다는 생각만 했다.

시골 삶이 그렇게 싫었는데 나는 지금 시골에서 농사를 짓고 있다. 시어머님께서 치매를 앓기 시작하면서 한 번도 해본 적 없는 농사를 짓게 되었다. 놀라운 일이었다. 흙을 만지고 다루는 일이 너무 신기하고 호기심 넘치는 일로 느껴졌다. 할수록 몸은 힘들지만 보람되고, 식물에게로 가는 관심이 자꾸 늘어나기 시작했다.

이 세상 어디가 숲인지 어디가 늪인지
그 누구도 말을 않네

조용필의 '꿈' 노래처럼 정말 아무도 말은 해주지 않지만 난 이미 알고 있다. 나는 언제나 그랬듯이 자유롭고 감성적인 삶을 추구한다.

식물을 대할 때는 편안하고 내려놓게 된다. 처음 마늘 농사를 지을 땐 아무 지식도, 경험도 없이 시작했다. 옆의 밭 어른들이 하는 대로 뒤쫓아가며 따라 했다. 이제는 노하우가 생겨서 동네에서 그래도 꽤 농사를 잘 짓고 있다. 식물은 조금만 관심을 가지지 않으면 바로 표시가 난다. 늘 사랑과 관심으로 지켜봐 줘야 잘 자라고, 조금만 방치하면 금방 죽기 십상이다. 사람도 그럴지 모른다.

마늘 농사 5년 차. 마늘 잎사귀만 보아도 마늘이 어떤 상태인지 어떤 말을 하고 있는지 느껴진다. 말 없는 식물이 내게 말을 하는 것 같고 물을 주면 방글 웃고 있는 게 느껴진다.

시골 아버님이 조금 남겨 주신 땅이 있다. 살아계실 때 정말 농사도 안 되는 땅이었다. 그래서 그늘진 땅에 잘 크는 식물을 심고 유리 온실을 지어 자연을 그대로 누릴 수 있도록 공간을 만들었다. 잔디를 직접 심었다, 벽돌 하나하나 퍼즐 맞추듯이 맞추며 공간을 만들었다. 주말 시간 날 때마다 한 결과 이제는 제법 그럴듯한 공간이 되었다.

난 시골 삶을 살며 하나씩 나의 정원을 이뤄 나가고 있다. 진정한 러스틱 라이프를 꿈꾸며 오늘도 매일 정원 디자인을 하고 있다. 여기는 이 꽃을, 여기는 이 식물을, 저곳에는 이 나무를 심어야지! 2년이 지나면, 3년이 지나면 이곳은 꽃과 나무, 온갖 식물들로 아름다운 공간이 되어 있겠지. 우리 가족, 나를 아는 지인들이 내가 꾸민 공간으로 들어와 삶의 휴식을 취하고, 아름다운 추억을 나누며 함께 웃고 함께 슬퍼할 수 있는 공간을 마련하고 싶다. 생각하면 설레고 가슴 뛰는 일이다. 정원사가 되고 싶다. 아름다운 공간을 만드는 사람이고 싶다.

편하고 아름답고 행복을 느끼게 해주는 사람으로 기억되고 싶다. 욕심내지 않는 사람이고 싶다. 사람이기에 쉽지 않지만 꿈에 대해서만 욕심 내고 싶다.

김재홍과 나는 우리가 나고 자랐던 공간, 우리가 함께 추억을 쌓은 그 동네, 그 공간에 함께 있다. 어릴 적 10대에는 부모님 눈치 보며 만났다면 지금은 부부로 당당하게 함께 있다. 우리가 직접 일궈낸 그 공간에서 앞으로의 더 멋진 정원을 꿈꾸며 설계해 가고 있다.

　매일 매일 꿈꾼다.

　설렘 가득한 그 공간을 상상하면 그저 입가에 미소가 번진다. 서두르지 않을 것이고 욕심내지 않을 것이다. 식물은 그러하다. 욕심내면 안 된다. 최선을 다하고 기다리는 곳이다.

　난 행복한 정원사가 되고 가고 있다.

안기부야 기다려라!

김영제

대학 시절 김진명 작가의 소설책을 보고 나도 국가를 위해 남들과 다른 특별한 삶을 동경한 적이 있었다. 뉴스를 보다가 안전기획부(현재의 국정원, 이하 안기부라 칭함) 내용이 있었는데 뉴스에서 전달된 내용은 부정적인 이슈였지만 안기부의 슬로건인 '음지에서 일하고 양지를 지향한다'라는 글귀를 보고 가슴이 뛰었다. 얼마나 멋진 말인가!

휘트니 휴스턴 주연의 〈보디 가드〉라는 영화를 보았다. 대부분의 사람들이 영화 주제곡에 관심이 뜨거웠다면 난 총을 대신 맞은 보디 가드에 열광했다. 지금의 나는 뉴스에서 유명한 사람들이 등장하면 왠지 모르게 주변 경호원에게 시선이 먼저 간다. 그리고 영화의 주인공보다는 조연에 큰 관심을 가진다. 킹메이커 또는 페이스메이커에 대한 관심이 많았던 나는 음지에서 일하고 양지를 지향한다는 안기부 요원이 되고 싶어서 어려운 시험을 준비하기도 했다. 안기부 시험 중에서도 외사과(해외에서 비밀리에 업무를 수행하는 부서)에 도전하기 위해 법 과목 등 각종 자료를 준비하기도 했다.

멋진 비밀 요원이 되어서 국가와 민족을 위해 음지에서 일하고 싶다는 나의 열망은 시험 과목이 아닌 신체 기준에서 고배를 마시고 말았다. 아뿔사! 신체 조건이 있는 줄은 몰랐다. 탈락한 신체 조건이 신장 제한이라니… 주변 사람에게 시험 응시한다고 이야기라도 안 했으면 좋았을 텐데. 엎질러진 물이다. 덕분에 신체의 약점이 주변 사람에게 알려졌다.

지금의 나에게도 아직 꿈이 있다. 한국 나이로 50이다. 남들은 도전하기 다소 늦은 나이라고도 한다. 누구는 돈과 시간을 투자하여 대학원을 도전하는 사람도 있다. 난 돈을 받으면서 대학원이 아닌 새로운 일터에 도전한다는 각오로 그동안 해왔던, 익숙했던 업무 대신 한 번도 해보지 못했던 업무에 도전하고 있다.

업종이 완전히 다른 이직을 고민했지만 나를 믿고 이직 제안을 해준 회사를 위해서 그리고 새로운 도전을 한 나를 위해서, 음지에서 일하고 양지를 지향하는 안기부 요원처럼 어려운 미션을 나만의 방식으로 은밀하게 준비해서 성공하려 한다.

나의 꿈은 아직도 현재 진행형이다.
안기부야 기다려라!!!

나에겐
지금도 가슴 뛰는 일이 있다

이경미

오늘도 가슴이 뛴다.

왜냐고?

내가 어릴 적 해보지 못한 것들을, 이젠 누군가의 시선이 아닌 나만의 시선으로 바라보며, 내가 하고 싶은 것을 할 수 있으니까.

첫 번째 나이가 너무 들기 전에 나는 뮤지컬을 해보고 싶다. 물론 전문 배우가 되기는 쉽지 않겠지만 아무려면 어떨까? 평상시에도 난 뮤지컬 음악을 틀어놓고 나만의 방법으로 동작을 따라 해본다. 나에게도 그 길이 열릴 수 있다고 생각하면서.

두 번째 아이들에게 꿈과 희망을 주는 그림책 작가

가 되고 싶다. 사실 그림책은 이미 두 권을 독립 출판하였다. 작년 이수지 작가 강연회를 가서 또 한 번 느꼈다. 빛을 보지 못한 내 그림책을 잘 편집해서 다시 내어보기로. 그래서 4월부터 아이패드를 배워 다시 그림책을 쓸 예정이다.

세 번째 나처럼 상처받은 감정에서 나오지 못해 아직도 긴 터널 속에서 갈등을 겪고 있는 엄마들이 터널 속에서 빠져나올 수 있도록 도와주고 싶다. 물론 지금도 내 주변 동생이나 언니들의 이야기를 들어주는 편이지만 내가 조금 더 채워지게 되면 엄마 힐링 학교를 세우고 싶다.

"아이만 낳게 지원하면 될까요? 엄마가 될 교육이 안 되어 있는데…."

엄마에게 필요한 것, 엄마가 되기 위한 엄마 교육을 해주는 것이 가장 급선무라는 생각이 든다. 그것을 함께 해주실 조력자분들도 섭외가 되어 있다. 각자의 자리에서 자신을 잘 키우다가 우리 모두 힘을 모아 엄마들을 살릴 학교를 세우는 일이 나의 최종 목표이다. 기회가 되면 우리나라뿐 아니라 외국에 가서도 강연

하겠다는 꿈을 가지면서 난 매일 영어 공부도 치열하게 한다.

　나는 매일 가슴이 뛴다.
　왜냐면 나에게 아직도 꿈이 있기 때문이다. 지금은 아이들을 가르치는 이 일이 가슴 설렌다. 나는 공부를 잘하는 아이가 아니었다. 그래서 어떻게 하면 쉽고 재미있게 가르칠까 고민한다. 영문과를 나온 것도 아닌 내가, 나처럼 공부 방법을 몰라 고민하는 아이들에게 나침판 같은 선생님이 되고 싶다.
　사실 작년 한 해는 나에게 제일 최악이었다면 최악이었고, 정말 의미 있었던 시간이었다. 처음에는 방과 후 1차 서류조차 다 떨어졌다. 그러다 1차가 되었지만 면접에서 능력 발휘는커녕 엉뚱하게 해버리고 돌아왔다. 그렇지만 포기하지 않고 교육청 공고가 뜨면 무조건 모든 학교에 지원을 했다.
　사실 어찌 보면 영문과도 아닌, 나이도 어리지 않은 내가 교사가 되겠다고 도전하는 것이 남편의 이성적인 판단으로 봤을 때 늘 답답해 보였을 수도 있었다. 면접 전날 신랑과 이야기를 했다.

"그냥 아이들만 잘 키우며 집에 있으면 되지, 뭐 하려고 되지도 않는 일에 도전하냐?"

"모두가 안 된다 안 된다 해도 난 도전을 멈추고 싶지 않아."

우려하는 말을 해도 이 모든 것들을 할 수 있게 도와주는 사람도 사실 남편이다.

면접을 열 군데 넘게 보면서 면접관들의 반응에 어떻게 대응해야 할지 점차 알게 되었다. 처음엔 면접관들이 '당신은 아니올시다'를 말하는데도 파악하지 못한 채 일방통행으로 내 말만 하고 오곤 했었다. 열 번째 면접을 보면서는 나도 편안해졌고 면접관들이 무엇을 요구하는지도 알 수 있을 것 같았다. 그렇게 나는 최종 합격이 되었다. 올해는 3월부터 두 학교에서 월요일부터 금요일까지 일하게 되었다.

합격하기 전 우연히 오페라 곡을 들을 기회가 있었다. 거기에서 흘러나온 'A millons dream'이라는 〈위대한 쇼맨〉의 ost를 듣는 순간 눈물이 멈추지 않았다.

I close my eyes and I can see
The world that's waiting up for me

That I call my own

Through the dark, through the door

Through where no one's been before

But it feels like home

They can say, they can say it all sounds crazy

They can say, they can say I've lost my mind

I don't care, I don't care, so call me crazy

너무나 기쁘고 행복하다.

50을 코 앞에 보는 나이에도 여전히 꿈이 있다는 사실이 말이다. 누군가의 눈에 어떻게 보여질지는 아무런 문제가 되지 않는다. 나에게는 아직도 활짝 피어 보지 못한 꿈이 있기에 더 이상 힘들거나 지치지 않는다. 방해물이 생길 수도 있고 길이 없어 길을 새로 내면서 가야 할 수도 있다. 하지만 예전처럼 울고 떼쓰지 않고 조화롭게 가는 방법을 살면서 터득하게 된 것이 어쩌면 행운이란 생각이 든다.

작년에는 몸이 많이 아팠다. 몸이 회복이 된 이후엔 홀로 여행을 다녔다. 그러면서 그동안 버텨왔던 그 시간들로 돌아가 나를 만나면서 진짜 내가 원하는 것을 찾아냈다. 이젠 더 이상 멈춤은 없다. 직전만이 나에게 존재한다. 내 안에 가슴 뛰는 일을 상상하며 말이다.

번지점프, 스키, 그리고 가래떡

박기성

물리학을 그때 선택한 것은 '맥가이버'라는 TV 드라마가 유행하기도 했지만, 물리학으로 세상을 이해할 수 있을 것이라고 생각했기 때문이다. 또 모든 대학에 물리학과가 있으니 밥 먹고 사는 데에는 지장이 없을 것이라고 생각했기 때문이다.

지금까지 나름대로 물리학이 세상을 잘 설명하고 있다. 이 세상은 쿼크와 렙톤으로 이루어져 있고, 이것들이 중력, 전자기력, 강한 핵력과 약한 핵력에 의해 서로 상호작용하여 지금의 세상을 만들고 있다. 그리고 나도 물리학을 연구하는 것으로 자리를 잡고 밥을 먹고 살고 있다.

내가 생각한 꿈을 이루고 말았다! 그 꿈을 이루었을 때는 정말 기분이 좋았다. 그런데 계속 기분이 좋을까? 꿈을 이루고 난 직후, 뛰고 있던 가슴은 지금은 어떻게 되었을까?

만약 내 꿈이 유럽 여행이라고 할 때, 그 꿈을 꾸는 동안 내 가슴은 어떨까? 처음 유럽 여행을 생각해 냈을 때, 구체적인 계획을 세울 때, 계획을 실행하기 위해 노력할 때, 또 그 노력이 하나하나 결실을 맺어 여행이 정말 가능할 것이라는 생각이 들 때, 드디어 비행기표를 끊고 여행을 시작할 때, 여행지에서 계획했던 것들을 하나하나 실행시켜 나갈 때, 추억을 가득 안고 돌아오는 비행기를 탈 때, 또 가끔 여행을 추억할 때, 그 순간순간 가슴이 두근두근 뛸 것이다.

아마 지금 나는 여행지에서 계획했던 것들을 하나하나 실행시켜 나가고 있는 것 같다. 하지만 지금 생각해 보면 내가 계획했던 것들 중 몇몇은 너무 이상적이지 않았나 한다.

여행을 계획할 때 우리는 아주 멋진 상상을 한다. 이탈리아 콜로세움 앞에서 마피아와 젤라또 아이스크림을 먹고, 파리 에펠탑에서 번지점프를 하고, 네델란드 풍차로 쌀을 빻아 가래떡을 만들어 먹고, 알프스 정상에서 스키를 타고, 영국 여왕 손등에 우아하게 키스를 한다고 생각하면 어떻게 가슴이 두근거리지 않을 수 있을까. 하지만 현실은 배낭을 둘러메고 떠난 가난한 여행자일 뿐이다.

여행을 떠난 것만으로 꿈을 이루었다고 할 수 있지만, 어떻게 여행을 이어가는지가 더 중요하다. 배낭여행을 하더라도 젤라또 아이스크림은 먹을 수 있고, 내 예쁜 아내의 손등에 우아하게 키스를 할 수 있다.

물리학으로 밥을 먹고 있는 나도 배낭여행을 하고 있다. 가슴이 아직 두근거리지만 그 두근거림과 두근거림 사이에는 현실이 있다. 연구비를 따야 하고 논문을 써야 하고 학생들을 가르쳐야 한다. 그런데 더 심각한 것은 내가 사랑하는 물리학과가 없어지고 있다는 것이다! 내가 대학을 선택할 때만 해도 거의 모든 대학에서 물리학과가 있었지만, 지금은 물리학과가 있는 곳이 손에 꼽는다. 아마도 다른 학문에 비해 물리학이 공부하기가 어렵고, 어렵게 공부를 해도 새롭게 알아낼 수 있는 지식의 한계가 있기 때문일 것이다. 더 현실적으로 물리학보다는 공학이나 의학을 전공하는 것이 밥 먹고 살기에 더 좋다고 생각하기 때문이다.

하지만 더 크고 근본적인 문제가 다가오고 있다. 인간이 생각할 필요가 없어지고 있다. 인간이 외울 필요가 없어진 것은 이미 오래되었다. 인간은 판단할 필요도 없다. 한국 프로야구에서 2024년부터 로봇심판이 볼과 스트라이크를 판단한다. 심지어 창의성도 더 이상 인간의 것이 아니다. 음악도 그림도 사진도 인간보다 더 그럴듯하게 인공지능이 만들어 낸다.

물리학을 비롯한 과학에서도 많은 문제가 발생하고 있다. 인간이 이론적인 계산을 할 필요가 없어지고 있다. 인공지능이 많은 실험 결과들을 바탕으로 재미있는 결과들을 예측하기 시작했다. 여기서 문제는 컴퓨터가 어떤 과정을 거쳐서 그러한 결과를 만들어 내는지 모른다는 것이다. 과학은 현상을 이해하고 이것을 바탕으로 새로운 결과를 예측할 수 있는 것을 말한다. 그 현상을 이해하지 못하고 컴퓨터가 주는 결과만 이용하는 것이 맞는지 고민해야 한다. 자동차를 이해하지 못해도 자동차를 잘 운전할 수 있으면 된다고 혹자는 이야기한다. 하지만 급발진과 같은 현상은 우리 주위에서 얼마든지 일어날 수 있다. 테슬라 자율주행 자동차가 우리를 사막이나 바다로 인도할 수도 있다.

고민하고 해결해야 할 문제는 자신이 꿈꾸어 온 여행 중에도 항상 존재한다. 그 문제가 크면 클수록 그 문제를 해결할 때의 기쁨은 더 커진다. 코페르니쿠스가 지동설을 이야기할 때도, 볼츠만이 통계 역학을 이야기할 때도, 또 플랑크가 양자 현상을 처음 이야기했을 때도 그들 앞에는 아주 높은 산들이 가로막고 있었다.

나는 그 높은 산 아래에 있는 아주 작은 인간이다. 에펠탑에서 번지점프를 하거나, 알프스 꼭대기에서 스키를 타기에는 너무 간이 작고 무서움이 많은 약한 인간일 뿐이다. 하지만 그 작고 약한 인간의 심장에서는 두근두근 뛰는 소리가 힘차게 난다.

새로이 꾸는 나의 꿈

이순주

꿈.

아주 행복한 말이다. 꿈을 꾸는 건 내 자유니까.

아주 어릴 땐 한없이 거창하던 꿈들도 나이가 들고 철이 들어가면서 상대적으로 초라해지고 작아져만 갔다. 현실의 벽은 날 쉽게 꿈꾸지 못하는 사람으로 바꿔 놓았다. 지금 이 나이에 새삼스러울지 모르겠지만 시간의 여유가 날 다시 꿈꾸게 한다.

어릴 적 내 꿈은 만화가였다.

이수정 작가님의 둘리를 보고, 김영숙, 황미나 작가님들의 순정 만화를 보고, 고행석 작가님의 만화들을 보면서 막연히 만화가가 되고 싶었다. 딱 거기까지 생각만 했을 뿐 실천할 만큼의 크기는 아니었나 보다.

이것 저것 알아보기는 했지만 만화가는 빠르게 포기했다. 유명한 만화가의 문하생으로 들어가기도 힘들지만 그림 실력이나 모든 여건들이 그냥 만화 덕후로 만족하게 했다.

그러다 호텔 조리사를 꿈꾸며 호텔조리학과에 입학했다. 칼질도 처음 제대로 배우고 제빵, 식음료 전반에 걸쳐 모든 것을 열심히 배웠다. 처음 배우는 것들이라 생소하고 신기하기도 하고 또 실습 시간에 만들어 놓으면 그럴싸해 보이기도 했었기에 재미도 있었다. 학교 축제 때는 과 특성에 맞게 뷔페도 운영했다. 흰 조리복에 검정색 스카프, 높은 쉐프 모자와 깔끔한 허리 앞치마를 입고 있으면 내가 베테랑 조리사가 된 듯했다.

열심히 공부하고 졸업해서 호텔에 입사하고 경력도 차근히 쌓아갔다. 그런데 너무 이른 나이에 결혼을 하고 아이를 낳는 바람에 내 경력은 거기에서 끝이 났다. 호텔 주방의 현장 일은 무거운 물건도 많이 들어야 하고 하루 종일 서서 움직여야 하기에 계속할 수가 없었다. 참 좋아했던 일인데.

생계를 위해 식당을 개업하고 1997년부터 2021년

폐업까지 정말 쉬지 않고 달려왔다. 식당을 그만두고 아르바이트를 하면서 지낸 3년 동안 이런저런 생각은 많았지만 뭘 하고 싶다거나 꿈을 꾸지는 않았다.

그런데 지금 하고 싶은 일이 생겼다. 다 내려놓고 말도 안 통하는 먼 타국에서 지내는 3개월 동안, 정말 열심히 살아가고 있는 교포들을 보면서 나태해진 나를 다시 돌아보고 반성하였다. 새로운 걸 시작해야겠다. 아직 늦지 않았다는 자신감을 가지게 되었다.

난 다음 달에 한국에 돌아가면 공인중개사 자격증 공부를 시작할 것이다. 자격증을 따고 새로운 일도 배우면서 새 인생을 살고 싶다. 여러 사람을 만나고 이곳저곳 다니면서 신나게 일하고 싶다. 열심히 일하고 돈도 많이 벌어서 이곳에서 진 신세를 갚으러 꼭 다시 오고 싶다.

틈틈이 자기 계발에도 힘쓸 것이다. 그동안 너무 안주하는 삶을 산 것 같다. 이젠 달라져야지. 새로운 목표가, 꿈이 생기니 갑자기 내 시간은 경쾌하게 흘러가고 가슴이 막 벅차오르고 두근거린다. 해보지 않은 일이라 목표를 이루기까지 많은 노력이 필요하겠지만 난 꼭 이루고야 말겠다.

가슴 뛰게 하는 내 새로운 목표.

돈도 많이 벌어야지^^

제3장

가끔은
금쪽이 같기도 하지만…

가끔은 부딪히지만
서로에서 온기를 느끼다

김현수(민이 아빠)

내가 어릴 때 가장 듣기 싫은 말들을 너에게 하고 있을 때 한 번씩 흠칫 놀랄 때가 있다.

'어른이 되면, 부모가 되면 이런 말들이나 행동은 하지 말아야지. 나는 내가 겪었던 불안감을 아이들에게는 물려주지 않아야지.'

그렇게 다짐을 했건만 가끔 지켜지지 않을 때가 있다. 나도 어쩔 수 없는, 너희들이 말하는 꼰대 어른인가 보다. 공부, 방 정리, 규칙적인 생활, 어느 하나 잘 지켜지지 않다 보니 반복적으로 얘기를 하게 된다. 전혀 고쳐지지 않을 땐 화가 난다. 하지만 그 화를 표현하기보다는 속으로 삭힐 때가 더 많다 .

가끔은 '나의 표현 방법에 문제가 있나?' 하며 다시

생각해 볼 때가 있다. 나의 경험상 깨끗하고 정리된 환경에서 좋은 생각이 나오고 열심히 하고 싶은 동기가 생긴다. 그렇기에 너에게 진심을 담아 얘기하는 것이다. 지금 당장은 학생이라 다 잘하기 힘들지 몰라도 좀 더 나이 들어 성인이 되고, 독립해서 살게 되면 이런 잔소리가 너에게 보탬이 될 거라 믿는다. 당장 듣기 싫어한다고 부모로서 아무런 가르침을 해주지 않는 것은 부모의 도리가 아닌 것 같다. 어쩌면 이런 생각조차도 너는 불편하게 생각할지 모른다. 꼰대 같다고. 하지만 잘 바뀌지 않는 너의 모습도 가끔 금쪽이 같다고 느낄 때가 있다.

　사랑스러운 나의 금쪽아…
　가끔은,
　너무나 착하게 자라주는 너를 보면 어떨 땐 안쓰럽다. 네가 무엇을 좋아하고, 무엇을 즐기는 줄 알기에 쌓여 있는 스트레스를 그렇게 잘 풀고 있다고 나는 믿는다. 만약 스트레스가 풀리지 않고 자꾸 쌓이기만 한다면 담아두지 말고 학창 시절에 마음껏 배출해 보기 바란다. 속에 담아두었다가 한꺼번에 표출하면 네가 너무 힘들다. 말이 그렇지 네가 금쪽이 짓을 한다 해도 여전히 너는 우리에게 진짜 금쪽같이 귀한 존재이다.

학창 시절 나는 억울한 일이 있어도 참고 견디고, 하고 싶은 일이 있어도 말 못하고 속으로 삭히는 게 일상이었다. 거기서 받은 스트레스로 지병에 시달리기도 했었다. 넌 그렇지 않았으면 한다. 아빠가 가끔 꼰대같이 너희들에게 말하듯이 너도 할 말이나 하고 싶은 게 있으면 맘껏 나에게 표현하길 바란다.

꼰대면 어떻고 금쪽이면 어떻냐. 자유롭게 표현하고 격하게 논쟁하고 해결책을 찾아가면서 서로를 이해하고, 그렇게 살다 보면 부모 자식간에 뭔가 느끼는 게 있지 않을까 생각한다. 아무런 마찰 없이 조용히 지내는 것만이 능사가 아니라고 생각한다.

살다 보면 너도 알게 되겠지만 먼저 살아본 선배로서 미리 알려주고 싶다. 어떤 문제가 생겼을 때는 속으로 삭히지 말고 표현하라고. 그게 금쪽이 같은 행동이라도 표현하는 게 더 좋다고. 가장 안 좋은 것은 혼자서 무조건 참고 견디는 거라고….

그래, 이 글을 쓰며 웃음이 나오는 걸 보니 우리는 서로 꼰대니 금쪽이니 하면서도 서로에게서 온기를

느끼는가 보다. 그러니까 나는 밉지 않은 꼰대, 넌 귀
엽고 사랑스러운 금쪽이, 이렇게 사는 것도 나름 재미
있지 않을까.

내 안의 금쪽이가
네 안의 금쪽이에게

이은주(민이 엄마)

나의 아빠는 꼰대였다. 남자가~~ 여자가~~ 하는 게 많았다. 그래서 나는 어릴 때 아빠의 보호 아닌 보호와 간섭 아닌 간섭 아래에서 자랐다.

어릴 때 태권도가 배우고 싶었다. 우리 가게 옆 가게 언니는 남동생이랑 같이 태권도를 배웠다. 나도 내 남동생이랑 같이 태권도를 배우고 싶었다. 아빠에게 이야기했더니 당연한 반응이 나왔다.

"여자가 무슨 태권도를 배우냐?"

결국 나는 컴퓨터를 배워야 했다.

고등학교 때 유행했던, 우등생들도 하나씩 가지고

있던 삐삐도 나는 없었다. 수능을 치르고 나면 수고했다고 부모님들께서 사주시던 휴대폰도 나는 내 용돈으로, 그것도 대학교 2학년 때 샀다. 물론 요금도 내 용돈으로 지불했다.

대학생이 되어서도 통금이 있었다. 무려 10시 30분까지 집에 들어와 있어야 했다. 칠곡 학교에서 그 시간에 집에 가려면 9시에는 버스를 타야 했는데, 대학 생활이 그 시간이면 어떤 시간인가. 놀기에 절정인 시간이다. 그래서 나는 대학 생활 내내 선배 후배를 모르고 지냈다. 그나마 학교 임원을 하면서 임원 선후배 정도만 알았을 정도이다.

우리 아빠는 내가 언제까지 아빠의 품속에서만 살 거라 생각했나 보다. 직장을 구할 때도 나랑 친했던 친구들은 다들 서울로 취업을 했는데 아빠는 반대했다.

"결혼 전까지는 아빠랑 같이 살자."

근데 생각해 보면 문제는 나에게 있었던 것 같다.

내가 너무 고분고분했다.

나는 '어른의 말을 잘 들으면 자다가도 떡이 떨어진다.'라는 속담을 믿고 살았다. 그래서 아빠의 말에 토를 달지를 못했다. 아니 안 했다. 토를 달아야 한다는 생각조차 없었던 것이다. 내 생각이라는 것이 전혀 없이 나는 아빠의 꼭두각시였던 것이다. 그렇게 아빠의 기대에 맞춰 살다가 고등학교 성적에서부터 아빠의 기대를 저버리는 딸이 되었다. 그래서 나는 힘들었고, 힘들었다.

인생에는 '지랄 총량의 법칙'이라는 게 있다는데 그때 내가 지랄을 떨었어야 했는데, 나를 표현하고 나의 생각을 나타내고 나의 존재를 각인시켰어야 했는데, 그러지 못한 게 아직 해결되지 못한 무언가로 남아 있나 보다. 늘 쭈그리고 있는 게 너무 답답하다.

그래서 나는 내 자식들에게만은 그러지 않겠다 생각했었다. 꼰대짓 안 하고 아이를 잘 키워 보겠노라 다짐을 했다. 그래서 맞벌이도 안 했다. 남의 손 안 빌리고 내 손으로 아이들을 양육했다.

그런데 양육하면서 내 모습에서 아빠의 모습이 나타났다. 아이를 통제하려 하고, 아이를 야단치는, 내가 싫어하는 모습들을 내가 하고 있었다.

그런 내 모습 앞의 아이, 우리 민이를 생각하면 마음이 아프다. 민이는 태어나면서부터 너무 순해서 육아서대로 자라는 아이였다. 존재 자체로 봐주면 나무랄 데 없이 잘 자라고 있는 아이였다. 그런 것을 엄마의 걱정과 불안으로 아이를 잡았다. 아이는 아무런 문제가 없었다. 민이의 지랄을 내가 막은 것이 아닌가 해서 마음이 아프다. 민이도 분명 본인이 표현하고자 하는 바가 있을 것이고, 자기 의견이 있을 텐데 내가 막은 것은 아닌지 하는 걱정이 든다.

나는 우리 아이들이 각자의 생각이나 의사를 편하게 표현해 주면 좋겠다. 물론 그랬을 때 나도 편안하게 받아주는 정서 상태가 되었으면 좋겠다. 아무런 토를 달지 않고 조건을 달지 않고 말이다. 물론 다 수용이 되진 않겠지만 적어도 아이의 의견과 나의 의견을 조율할 때 언성이 높아진다거나 한쪽이 일방적으로 억울해하는 상황이 생기지는 않았으면 하는 바람이다.

아니 지랄을 떨어도 좋다고 생각한다. 경험해 보지 못한 내가 감당 가능할지는 모르겠지만 왠지 우리 아이들의 지랄은 내가 감당할 만큼 나도 성장하지 않았을까 하는 생각이 든다.

부모인 내가 너희들에게 금쪽이인가?

김재홍(미성이 아빠)

금쪽이라……

우리 큰 딸 미성이는 아주 건강한 아이죠. 어릴 때부터 병원 한 번 안 가고 잔병 하나 없던 아이죠. 부모가 바쁘게 살아서 어릴 적 어린이집에서 늦게까지 있고 아이가 넘 착해서 자기보다 어린 동생들도 봐주고 이렇게 컸답니다. 속도 너무 깊은 아이죠. 아빠를 닮아서인지 생각이 많죠.

그래서 엄마가 초등학교 때부터 외향적으로 키우려고 많이 노력했죠. 그 덕분에 초등학교 6년 반장도 하고 성격도 많이 변했답니다. 자기 노력도 있었겠지만 우리 부부도 많이 걱정했답니다. 중학교에 올라가서도 자기가 좋아하는 방송반 일도 하고, 댄스 동아리 활동도 하고, 모든 면에서 잘하는 아이입니다. 아, 미성이와 동생은 확실히 차이가 있죠. 미성이는 설거지와 빨래 담당입니다. 미성이가 꼼꼼해서 이런 건 잘하죠. 그에 비해 밥은 못합니다. 이건 동생 몫입니다.

우리 부부는 아이들에게 '공부해라' 이런 말을 안 합니다. 우리 가족은 애들 어릴 적부터 캠핑을 많이 다녔습니다. 전국에 있는 휴양림은 빠짐없이 다 간 것으로 기억합니다. 미성이가 생후 6개월부터 다녔으니까 말이지요. 착하고 생각이 깊은 아이죠. 친구들과 놀고 웃고 재미나게 놀아야 할 나이인데 현실은 그렇지 않네요. 그래서 부모로서 더 신경이 쓰입니다.

내 큰 딸랑이 미성이
지금처럼 자기 자리에서 하는 일 열심히 최선을 다하기를 바란다. 사소하지만 방 청소 좀 잘하고, 엄마 아빠가 집을 비울 때가 많은데 그때마다 집안일도 좀 하고 설거지도 하길 바란다. 마지막으로 우리 두 딸은 자기가 하고 싶은 일을 했으면 한다. 아빠처럼 꿈을 접지 말고.

항상 너희 곁에 아빠 엄마가 있잖니.

우리 가족 행복하자.

늘.

붕어빵 부녀 사이

윤희정(미성이 엄마)

난 아이들이 독립적으로 커 나가길 생각하며 아이들을 키웠다. 주변 아이들 엄마들이 늘 내게 하는 말이 있다.

"어쩌면 애들이 알아서 잘해요?"

난 내 생활이 바쁘고 해야 할 일들이 많아서 애들에게 기본적인 것만 최선을 다해서 해주려고 노력한다. 나의 부모님도 나를 그렇게 키웠던 것 같다. 그렇게 키우려고 노력하신 건 아니고 먹고 살기 바빠서 그렇게 될 수밖에 없었다. 난 그런 부모님이 늘 존경스럽고 자랑스러웠다. 어릴 적 철부지 시절 도덕 선생님 같은 아빠가 답답했지만 자유로운 사고 방식을 가진 나를 늘 믿어 주셨던 엄마가 있었다. 두 분의 가르침과 사랑이 있었기에 지금의 내가 있는 것이다.

아이들이 금쪽이 같을 때를 적으라고 했을 때 이 페이지를 다 채울 자신이 없었다. 아이들에게 감사한 순간이 더 많기 때문이다. 스스로 알아서 잘해 주고, 농사를 짓는다고 늘 시골에서 생활하기 때문에 잘 챙기지 못한다. 늘 고맙다고 말해 주고 싶다.

큰딸은 지금은 너무 얌전하고 공부도 열심히 하는 모범생이다. 참 착하고 예의 바르고 생각이 참 깊다. 하지만 마음속에는 무슨 능구렁이가 들어 있는지 알 수가 없다. 김재홍 성격과 너무 비슷한 것 같다. DNA는 속일 수가 없는 걸까? 말없이 있을 땐 정말 속이 터질 것 같다. 말을 하지 않는데 사람이 어떻게 안단 말인가!

큰아이 어릴 적엔 너무 울어대서 난 식당에 갈 수가 없었다. 집에서도 늘 업고 밥을 먹어야 했다. 밥이 코로 들어가는지 목구멍으로 넘어 가는지 몰랐다. 나에게 육아는 세상에서 가장 힘들고도 힘든 고통의 순간이었다.

난 아들을 바랐다. 첫째가 딸이라 둘째가 아들이길 바랐다. 엄마가 1남 3녀를 낳았다. 아들을 낳기 위해 얼마나 고생했는지 너무도 잘 알았기 때문이다. 아들이길 바랐지만 또 딸이었다.

둘째 딸은 너무도 순했다. 우유통만 손에 쥐어주면 먹고 자기만 했다. 토실토실 아주 귀엽고 순둥순둥한 녀석이었다. 커서는 애교 많고 엄마 대신 언니 밥도 잘 챙겨주는 착한 딸이 되었다. 하지만 그렇게 지저분할 수가 없다. 자기가 쓰는 방은 너무도 엉망진창이다. 양말 신은 것은 여기저기 처박아 두고 방문을 여는 순간 뒷목을 잡게 된다. 여자의 방이라고 상상이 안 된다. 그래서 바로 방문을 닫아버린다. 잔소리라도 하는 날엔 자기가 더 짜증을 내며 투덜거린다. 큰소리 날 것 같아 내가 피하고 만다. 애는 애인가, 이런 생각이 든다. 그래 네가 하고 싶을 때 치우겠지. 난 기다려 주기로 했다.

사실 아무 걱정이 없다. 엄마 아빠가 열심히 일하고, 꿈꾸며 살아가고 있으니 두 딸도 자기 삶을 열심히 살며 자기 꿈을 만날 것이라고 생각한다. 어쩌다 잔소리를 해도 금방 서로 웃으며 감사하는 마음이 올라온다. 그저 고맙고 감사하다.

꼰대와 금쪽이는 친구다

김영제(우현이 아빠)

2007년 1월 30일 나랑 비슷한 아이가 태어났다. 처음에는 낯설고 잠만 자는 모습을 보니 어색하기도 하고 신기하기도 했지만, 너무 좋았다.

유치원 때는 재롱잔치를 준비하기 위해 잘 되지도 않는 동작을 무한 반복하면서 춤추는 모습에 뭉클하기도 했다. 무대에서의 모습 하나하나에 나도 모르게 함께 머릿속에서 동작을 따라하는 내 모습을 보면서 아들을 잘 키우고 행복하게 해줘야겠다는 다짐을 했었지.

초등학생이 된 너는 학교를 혼자서 등교하기도 하고 하교할 때 군것질도 혼자서 하는 독립적인 아이로 성장했다. 우리만의 여행이었던 무작정 투어를 통해

또래보다 독립적이고 호기심이 강한 아이가 되었다.

그랬던 나의 아이가 초등학교 고학생이 되면서 아빠, 엄마의 말을 잔소리로, 부모의 행동을 꼰대라는 아주 불명예스러운 단어로 치부하는 금쪽이 같은 모습을 보이기도 했었지. 조금이라도 나의 영역에 침범하면 가만히 두지 않겠다는 야생의 동물처럼 공격적인 자세로 우리를 대하기도 했다. 특히 중학교 2학년 때의 모습을 보면서 하루 빨리 군대 갔으면 좋겠다는 생각까지도 했다.

너는 고등학생이 되면서 초등학생이었던 사랑스러운 아이로 다시 우리에게 왔지. 주변 사람들에게 피해를 줄까 봐 자기 주장도 숨길 줄 아는 어른의 모습도 보였다. 그런데 외부에 있을 때는 생각보다 자기 주장을 표현하지 못하고 집에 오면 너무 크게 화를 내서 많이 다투기도 했다. 집에선 금쪽이로, 밖에선 어른 같은 아이로 변했다.

왜 그럴까? 너랑 정말 많은 대화를 하다 보니 어릴 때 너에게 예의라는 테두리에 그리고 다른 사람에게 피해를 절대 주면 안 된다는 강박감을 많이 전달하여 너 자신을 많이 힘들게 했다는 사실을 알았다. 첫째라는 이유로 책임감을, 무의식적으로 많은 무게감을 준 것 같아 미안하다. 사춘기가 지나가서 이런 이야기를 서로 할 수 있어서 너무 좋았다.

꼰대 같은 부모로 인해 금쪽이가 된 너를 알아보지 못하고 마치 금쪽이로 변한 너 때문에 꼰대가 되었다는 착각을 했다. 서로의 대화를 통해서 나의 꼰대가 너의 금쪽이가 점점 사라지고 있음을 느끼고 있다. 서로의 대화가 부족하거나 이해가 부족하면 꼰대나 금쪽이가 다시 나타날 수도 있을 것 같다.

앞으로도 더 많은 시간과 공감을 통해
처음 만났던 2007년처럼,
세상 누구보다도 더 행복하고 좋은,
친구 같은 부모와 자식이 되자!

가끔은 금쪽이!
하지만 내 눈엔 최고인 너

이경미(주은이 엄마)

매일 아침.

너를 깨우는 시간은 내 안의 나와 충돌하는 시간이야. 내 안에는 모든 감정이 요동을 친단다. 진짜 물을 덮어씌워야 하나? 물론 기숙사에서의 생활이 힘든 줄도 알지만, 기숙사에서 나오는 순간 모든 긴장감이 해제된다는 것을 알지만, 학원 시간도 지키지 못하고, 그렇게 하고 싶다던 그림 그리는 시간조차 지키지 못하는 너를 보면 진짜 네가 금쪽이 같단다. 왜 저럴까? 친구와의 약속도 아니고 선생님과의 약속인데 '저렇게 해도 되나.'라는 생각이 멈추지 않는단다.

사실 다른 엄마들처럼 학원을 많이 다니게 하는 것도 아니고, 시험 기간에도 잔소리를 많이 하는 것도 아닌데, 잠을 이기지 못하고 약속을 쉽게 생각하는 것 같아서 난 정말 속상하단다. 그뿐만 아니라 아주 간단한 것인데도 네 할 일을 못 하고 있을 땐 '어디가 모자란가?'라는 생각이 들 때도 있어. 얘는 왜 그런 걸까? 고민에 빠지기도 해. 그러다 다른 엄마들도 똑같이 자기 애 걱정하는 걸 보면 조금 안심이 되기도 해. 하지만 그것은 잠시뿐. 네가 또 그런 행동을 하면 내 안에 화가 자꾸만 올라와서 어떻게 해야 할지 모를 때가 많아.

최근에는 내가 생각을 바꾸기로 했지. 어떻게? 내가 아무리 이야기해도 네가 바뀌지 않는 이상 내 이야기는 꼰대의 잡음밖에 안 되고, 나만 화가 나고 너에겐 도움이 되지 않는다는 사실을 알게 된 거지. 늦게 일어나는 것도 너의 일이고 약속을 못 지키게 되는 것도 네 일이지. 어떤 것을 해서 실수하고 깨지는 것도 네가 알아차려야 하는 것인데 괜히 내가 힘을 빼가며 너를 달달 볶았구나 하는 생각을 한 거지. 그냥 자기의 모습대로 스스로가 느낄 수 있게 두어야 한다는 사실을 새롭게 깨닫게 된 것 같아.

내가 나를 제대로 알게 된 이후로 너에 대한 생각도 바뀌었어. 너를 내 안의 틀 속에 두고 너의 의지가 아닌 나의 의지로 너를 만들려고 했다는 생각이 들었어. 미안해. 엄마도 너처럼 나를 찾아가는 중이라고 생각하고 이해해 주길 바라. 사랑이라는 이름으로 너에게 구속을 당당하게 표현했던 나의 모습에 미안함이 일렁이는구나.

엄마도 여전히 너처럼 계속 자라는 중이니까 이해를 해준다면 고마울 것 같아. 우리는 불완전한 존재라서 평생 알아가는 공부를 해야 할 거야. 이제는 우리 서로가 서로에게 느끼는 감정들을 그때그때 서로에게 이야기해 주면서 지금처럼 친구 같은 사이로 나이 들어 가면 참 좋겠다.

사랑한다.

내 딸 주은아.

눈부신 너를 엄마는 언제나 응원해. 나는 네가 늘 좋아. 네가 못난 모습이든 좋은 모습이든 그 모습 그대로를 봐 줄 거야. 너는 나의 가장 소중한 존재이니까 말이야.

사랑하는 첫째 딸, 진아

박기성(진아 아빠)

나는 참 복이 많은 사람이다. 이렇게 이쁘고 멋지고 귀여운 딸이 세 명이나 있으니까. 그중 첫째인 진아를 보고 있으면 참 대견하다. 어릴 때부터 첫째라고 엄마 아빠의 기대를 한 몸에 받아 부담스러울 텐데 그런 내색을 하지 않고 잘 커왔다. 뭐든지 잘 먹어. 특히 고기를 잘 먹어 키가 이제 엄마를 넘어 아빠를 위협하고 있다. 지금 생각해 보니, 진아가 넘보는 것은 단지 아빠의 키만은 아닌 것 같다. 지금 생각해 보니, 진아가 우리 가족을 위협하는 게 키만이 아니고 다른 것들도 조금 있다.

아직 너무 작은 막내딸에게 아빠처럼 큰 진아가 거는 장난이 나는 조금 걱정스럽다. 귀엽다고 볼을 잡아

당겨 막내 볼이 개구리 볼이 되었다고 투덜댄다. 지나가다 툭툭 막내의 엉덩이를 치는 것이 막내에게는 툭툭이 아니다. 가끔 다리를 들어 그 작은 막내를 차는 모습을 보면 내가 가슴이 철렁한다. 그러다가 다시 생각해 보면 그게 다 진아의 사랑 표현이라는 생각도 든다. 그리 걱정할 것이 아니라는 생각도 든다. 하지만 진아가 막내이고 막내가 첫째였다 해도 그런 행동을 하면 그때에도 당연히 나는 동생에게 그렇게 하지 말라 할 것이다. 아직 작고 여린 존재는 그 누구라도 보호받아야 하니까 말이다.

가끔 진아는 둘째에게 화학식을 물어본다. 삼각함수를 물어보기도 하고 이상한 영어단어를 물어보기도 한다. 진아야, 둘째는 지금 초등학생이야! 어떻게 그러한 것들을 알겠니? 셀카를 찍다가 마음에 들지 않으면 항상 둘째를 불러서 포즈를 취한다. 한번 시작하면 마음에 들 때까지 포즈, 표정, 그리고 핸드폰의 각도를 바꾼다. 둘째는 힘들어하면서도 다 해준다. 진아야, 둘째는 사진사가 아니야. 하하. 무엇보다 어떻게 찍어도 넌 정말 예쁘고 아름답단다.

엄마는 진아가 엄마 눈을 보고 인사를 하길 바란

다. 진아가 학교나 학원에서 집에 올 때, 엄마는 "잘 다녀왔습니다!"라는 말을 듣고 싶지만 그 기대는 언제나 무너진다. 진아는 인사도 없이 방으로 들어가 버리는 경우가 많다. 엄마는 진아가 항상 보고 싶고 알고 싶지만, 진아는 밥 먹을 때, 찾는 옷이나 물건이 없을 때, 용돈이 필요할 때에만 엄마가 보이는 것 같다. 더 나아가 엄마의 그 관심을 진아는 부담스러워하는 것 같다. 진아의 공부, 진아의 옷차림, 진아의 방 상태, 그리고 진아의 친구 관계 등 모든 것에 엄마의 관심이 있지만 진아는 필요할 때 아주 조금만 공유하려고 한다.

이런 모습이 진아의 전부는 아니다. 우리는 알고 있다. 지금 진아는 자신도 알 수 없는 시기를 지나고 있을 뿐이라는 것을. 자신의 기분을 스스로 조절할 수 없는 시기를 한창 지나고 있다는 것을. 생물학적으로 성장하기만도 벅찬데 더 어려운 일들이 진아를 둘러싸고 있다. 마치 여름날 겨울 이불을 겹겹이 덮고 있듯이, 해야 할 공부와 해야 할 일들이 진아를 숨막히게 하는 것 같다. 너무 어렵고, 너무 하기 싫은 순간 순간이 진아를 위협하고 있다. 진아는 이 순간을 온몸으로 지나고 있다.

　나는 진아를 사랑한다.

　기분이 나빠져 문을 꽝 하고 닫고 들어간 후에도 살며시 나와서 미소를 보일 수 있는 그 모습을 사랑한다. 문을 닫은 후 나올 때까지 진아가 겪었을 갈등과 고통에 너무 가슴이 아프지만, 그 모습도 진아 인생의 한 순간이다. 또 학교 축제를 준비한다고 음악에 맞춰 땀 흘리며 춤을 추는 그 모습을 사랑한다. 테드 동아리 발표라고 긴장하고 무언가를 열심히 외우고 있는 그 모습을 사랑한다. 동성로 어느 길거리 사진기 앞에서 친구들과 새침한 표정을 짓고 있는 그 모습을 사랑한다. 인스타에서 5명과 동시에 채팅을 할 수 있는 그 능력에 감탄한다. 늦게 자서 피곤해도 기어이 일어나 자신이 할 일을 해내는 그 모습을 나는 사랑한다. 또 늦은 밤 피곤에 겨워 학원에서 집에 돌아오는 내 자동차 옆자리에 누울 때 들리는, 진아의 작은 코 고는 소리를 사랑한다.

　진아가 라면을 맛있게 끓여주고, 둘째가 계란찜을

만들어주고, 막내가 해주는 안마를 받으니 정말 기분이 좋아 한 마디를 했다.

"딸을 낳기 참 잘 했어."

그러자 아내가 말했다.

"왜 딸들만 그런 일을 해야 해? 아들이 그런 것들을 하면 왜 안 돼?"

그 말을 듣고 있으니 내가 새삼 꼰대가 맞는 것 같다. 아들과 딸을 구별하는 마음이 있는 꼰대다. 조금씩 바꾸려고 노력을 하고 있지만 확 바뀌지는 않는 것 같다. 그래도 한 마디는 하고 싶다.

"내가 좀 꼰대이긴 하지만 나는 우리 가족을 사랑해. 모두 하나같이 사랑해."

꼰대의 금쪽이

이순주(채은이 엄마)

엄마도 꼰대는 싫단다.

하지만 요즘엔 본인보다 나이가 많은 사람이 하는 조언이나 경험담들을 단순히 듣고 싶지 않다는 이유로 그냥 꼰대 같다느니 꼰대스럽다느니 말하면서 무시하는 사람들이 많더구나. 물론 나도 심해 보이는 사람을 보기는 했지만 대부분의 사람들은 결코 나쁜 의도로 하는 말이 아닐 거야. 이 말조차도 좀 꼰대스러운가?

어쨌거나 엄마는 네가 원하든 원하지 않든 항상 네가 신경 쓰이고 걱정되고 궁금하단다. 내 자식이라 그런 거겠지? 때로는 엄마의 관심과 말들이 부담스럽고 불편하게 느껴질 수도 있겠지만 나도 어쩌지 못하는 부분이란다. 걱정이 되는 건 사실이고 그래서 말이 앞서 나갈 때도 있거든.

네 심성이 착하고 부드러워 잘 참고 넘어가기도 하고, 엄마의 진심을 잘 이해하고 받아들여 주는 것이 참 다행스럽다.

요즘 들어 사람들이 '금쪽이 금쪽이' 하는데 넌 내게 다른 의미로 아니 본연의 의미로 '금쪽 같은 내 새끼'란다. 정말 넌 눈에 넣어도 아프지 않을 엄마의 금쪽이야. 막둥이지만 엄마를 생각하는 마음은 늘 언니, 오빠보다 크고 다정하단 걸 항상 느끼게 해준다.

네가 고민하고 힘들어하는 문제를 말하면서 우울해하는 모습들을 볼 때면 시원하게 해결해 주지 못하는 엄마는 맘이 참 답답했단다. 화도 크게 안 내고 소리 한번 지르지 않고, 말로 잘 타이르면 찰떡같이 알아듣고 대화하고 안겨 오는 넌, 참 엄마가 민망할 정도로 바른 아이라 뭐라고 야단칠 일이 거의 없었지.

금쪽아.

네가 엄마의 금쪽이라서 참 고마워. 앞으로도 엄마랑 이렇게 사이좋게 지냈으면 해. 엄마도 노력할게.

엄마는 크게 상관없다만 그래도 뭐 한 마디 보태라면 이걸 이야기 하고 싶어.

채은아.

네가 관심 없는 일이더라도 한 번씩 생각하며 둘러보고 언니, 오빠와 함께 있을 때만은 신경을 더 써서 잔소리 들을 일은 만들지 말자꾸나. 그 두 금쪽이들 비위를 맞추라는 게 아니라 싫어할 법한 일들만 좀 신경 써 보자는 거지. 언니, 오빠에 대해서는 너도 잘 알잖니? 부모 입장에서는 자식들이 서로 사이좋게 지내기를 바라고, 무엇보다 내 금쪽이가 속상해하는 게 마음 아파서 그래. 하지만 솔직히 별 걱정은 안 한다. 너는 지금도 잘 하고 있고, 앞으로도 잘 할 거니까.

사랑하는 우리 금쪽이 채은아.

네가 내 딸이라 정말 고맙단다.

섹션 3부

...

나와 당신의 시간

우리집 큰딸 (미성이) 에게

미성아 아빠는 니가 쓴 글을 읽고 너무 뿌듯하면서
슬펐어 아빠는 어린시절 부모님과 함께 한 시간들이
너무 적었어 그래서 아빠는 내 가족과는 많은 시간을
보낼려고 노력하고 있란다. 니가 쓴 글을 읽고 내가 헛된
시간을 보내지 않고 그 시간들을 니가 알아 준다고 생각하니
가슴 한켠이 너무 꽉 차오르는 기분이야
늘 묻는걸 잘 알아서 하고 혼자 말없이 묵묵히 지내는
너를 보면서 특히 나처럼 속으로 상처를 많이 받지 않나
걱정 했어
아빠도 감정 표현이 서툴고 말을 많이 아끼는 타입이라
나를 꼭 닮은 니가 걱정이 된다.
하지만 친구들과 소통하고 아빠의 어린 시절과는 다르게
현명하게 나아갈 우리 딸을 보면서 아빠는 세상
행복 하란다.
춤도 갈추고 공부도 열심히 하는 우리집 큰딸 미성이 !
아빠는 니가 뭐를 하려라도 끝까지 뒤에서 응원할 것이고
힘들 때는 아빠가 널 온호할꺼야
너의 뒤에는 꼰대끼깔 아빠. 엄마가 있어 니가 혼기인 너쁘라로
부모인 우리가 금쪽이 같지만 미성이 보면서 아빠. 엄마로
힘들지만 힘을 내고 있란다. 미성아 화이팅 !

- 미성이 아빠 김재홍 -

미성아?

너는 참으로 단단하고 마음 깊은 아이구나.

네가 쓴 글을 읽으면서 엄마가 생각한 이상으로 참 잘 자라고

또 잘해 나가고 있다는 것을 알았단다.

내상 나도 나의 부모처럼 꼰대가 되어가고 있다는 사실 또한

느끼게 해 주었어.

엄마. 아빠가 가장 중요하게 생각하는 예의 있는 사람으로 잘 자라주고

있어서 고맙다.

네가 아빠를 너무 닮아 말 표현없이 사랑을 담담하게 하는점 또한

친구들을 통해서 느끼고 있다는 것이 신기할 따름이야.

항상 표현해 주고 감정을 상대방도 느낄 수 있게 해주렴.

사랑은 똑똑하다고 자기 혼자 살아 갈 수 없는 거란다.

부모가 있어 나란 존재가 있을 수 있고. 사람으로 부터 사랑 받고

위로 받고 앞으로는 살아 갈 수 있는 거란다.

때로는 힘겹고 외롭고 내 마음대로 되지 않을 지라도 나의 진념이

상대의 마음에 전해지면 모든게 잘 되리라 믿어.

미념이 우리의 행복이여. 대명 처럼 우리 가정의 큰 행복이야.

네가 좋으면 엄마. 아빠도 좋고 행복하단다.

지금은 엄마가 꼰대일지 모르지만 시간이 지나면 충분히 이해

할 수 있을 거라고 믿는다.

꼰대가 되지 않으려고 노력 해 낼게.

너의 꿈을 항상 응원하고 지켜해.

미념이 엄마가.

나의 아버지 어머니께

아버지 어머니 첫째딸 미성이에요.

누구보다 엄마 아빠를 잘 알고 있는 사람이라고 생각했는데

막상 읽어보니 아니더라고요.

아버지 어머니의 10대를 보면 둘 사이에 공통점이 꽤 많더라고요.

둘 다 10대 때부터 참 성숙했구나 싶었어요.

그래서 또 속상했어요.

아버지 어머니의 그 꿈을 이루지 못했다는 게 괜히 미안해지더라고요.

아빠에게 형사라는 꿈이 있다는 것도 이번에 처음 알았어요.

그래서 경찰 나오는 드라마나 영화를 좋아하나 싶었어요.

그리고 아빠도 지금의 나처럼 10대 때부터 정의 구현하고 싶다는 생각을 했다니

난 정말 아빠 딸인가 봐요.

우리 엄마는 항상 맛전적인 사람이라는 것 다시 한 번 느껴요.

항상 꿈꾸는 사람이에요, 엄마는.

엄마의 꿈이 처음에는 마냥 거창하다고 생각했는데

그걸 하나하나 이루어가는 모습 보고 정말 대단하다고 느껴요.

우리의 삶도 언젠가 사라지겠지만

인생을 함께 할 수 있는 가족이 있다는 건 큰 행운인 것 같아요.

앞으로 어떤 길이 펼쳐질지 모르지만

여태 그랬듯이 한 번 살아봐요.

아버지 어머니 그리고 은성이까지. 많이 사랑해요.

- 첫째딸 미성올림 -

민아, 너의 글을 읽는데 문득 어린시절 부모참여수업에서
아빠가 달리기하던 생각이 났어.
그때의 넌 내성적이고 것은만 해도 긴장할 정도로
소심했지. 그래서 아빠는 너에게 보란듯이 모든 참여수업에
적극적이었고, 그걸 보면서 어떠한 상황에서던 자신감을 갖고
두려움을 이겨내길 바랬지...
네가 아빠를 닮아 내성적이고 모든 관계에서 힘들어 한다는걸
알기에 더욱더 부끄러운걸 무릅쓰고 참여했던것 같다.
지금 생각해 보면 어디서 그런 용기가 났는지 모르겠다.
글 선생이 되는 넌 몸도 마음도 많이 자랐구나!
맞춤마디 쓴 한줄 쓰기 힘들어 했던 네가 지금은, 너의
글과 생각들을 글로 풀어내는 것을 봄께 뿌듯하기까지 하다.
이제 인생의 초입에 들어선 네가 가야할 길이
평탄하지만은 않겠지만 잘 이겨내길 바란다.
아빠는 너의 곁에서 네가 가는 길을 지켜봐주며 항상
힘이 되어 주고 싶다.
너도 가끔힘이 들면 아빠 어깨에 기대 주저니 주저니
얘기해 주렴!
살다보니 이건 저건 일들이 있었다고...

친구처럼 항상 곁에 있어주고 싶은
- 아빠가 -

To. 내가 세상에서 제일 사랑하는 아빠

아빠, 안녕! 나 첫째 딸, 민이야.

아빠가 쓴 글을 읽고, 내가 알지 못했던 아빠가 학생일 때의 이야기와 아빠의 속마음에 대해 알 수 있게 돼서 좋았어.

아빠가 전에 말해준 적이 있어서 아빠의 학창 시절에 대해 대충은 알고 있었는데, 아빠가 쓴 글을 통해 그 과정에서 겪은 고충이나, 아빠가 느낀 감정들에 대해 자세히 알게 되었어. 아빠 또한, 힘든 학교 생활을 견디게 해준 것이 음악이라는 사실도.

아빠가 쓴 글을 통해 아빠가 주식 투자를 하는 계기에 대해 자세히 알게 되어서 좋았어. 사실 아빠가 주식 투자를 하는 이유가 단순히 돈 때문이라고 생각하고 있었는데, 내가 알지 못했던 아빠만의 소중한 숨은 뜻이 있었네. 사실 처음에 나는 주식 투자를 하는 것이 왜 좋은지 느끼지 못했어. 물론 잘한다면, 돈을 벌 수 있는 수단이라서 좋겠지만 나는 겁이 많아서 그런가 주식 투자를 했을 때, 내가 투자한 곳이 하락해버린다면, 그냥 돈을 잃어버리는 꼴이 되니까 스트레스 받은 것 같기도 하고 두려워서 이때까지 아빠가 돈을 지원해줄 테니까 한번 해보라고 했을 때도 계속 싫다고 피했던 것 같아.

그런거보면, 아빠는 대단한 것 같아. 누군가에게는 힘들고 어려운 도전임에도 열정적으로 계속 투자에 대해 공부하며, 실패에 대해 두려워하지 않고 계속 도전하는 것 같아서. 처음에는 돈을 잃을까봐 아빠가 투자하는 것이 이해가 안됐는데, 이제는 계속 응원하게 되고, 주식에 대한 아빠의 열정이 존경스러웠어.

물론, 아빠가 하는 말에 상처를 받을 때도, 아빠가 미울 때도 있지만, 나는 여전히 아빠를 사랑하고 존경해. 우리 건강하게 오래 살자!

2024. 01. 30

아빠의 첫째 딸, 민이가

이 세상 무엇과도 바꿀수 없는 소중한 첫 딸 민이에게

엄마의 처음 사랑 민아

엄마는 엄마가 민이에 대해서 많이 알고 있다고 생각 했는데 이번 책쓰기를 통해
우리 민이가 적은 글을 보면서 엄마가 우리 민이에 대해서 놓치고 있는 부분이 참 많았구나
싶어서 미안해 졌어.

내성적인 것은 알았지만 학교생활 할때 그걸 섬세하게 느끼는 줄도 몰랐어...
얼마나 외로웠을까. 얼마나 불안 했으며 초조했을까 하는 생각이 들더라.

엄마가 IB에만 눈이 멀어서 우리 민이를 외로운 환경에 몰어넣은 것이 아닌가 해서
미안한 생각이 많이 들었어.

그래서 우리 민이가 1학년때 그렇게 학교를 싫어했구나. 그렇게 힘들어 했구나 싶어서...
엄마가 좀더 우리 민이의 마음을 알아줬으면 , 엄마가 좀더 우리 민이의 마음을 들여다봤으면
하는 후회도 들었단다. 엄마는 2차 민이가 학교를 그만둔다고 하면 어쩌지 하는 조마조마하는
엄마의 마음만 있었지 우리 민이가 얼마나 외로웠는지 얼마나 힘들었는지는 살피지 못해서
보통 미안한 마음 뿐이야.

우리 민이가 한창 힘들어 할때 아빠 수술과 그래서 더 내색까지 못했던게 아닌가
싶기도 해. 아빠가 회복하고 집에 계실때, 엄마 혼자 졸려고 할때가 생각나. 그때
엄마가 옆에서 우리 민이가 많이 힘든가 보다 하면서 수술하신 아빠보다 학교 적응을
잘 하고 있을지 엄마가 학교를 잘 보냈는지 맞는지 고민을 하면서 기도를 하면서 졸려고 했던
것이 기억이 나. 그때 얼마나 울었는지...

자꾸 생각 해보면 하나님께서 엄마기도 들어주셨나봐. 우리 민이가 기특하게도 학교
적응도 잘하고 친구들과도 잘지내고 있어서.

선생님들이 민이 너무 잘 커줬다고 칭찬을 해주실 때면 엄마가 얼마나 행복한지 우리 딸은
알까? 민아 고마워. 우리 민이가 잘자라서 엄마에게 이런 칭찬을 듣게 해 줘서.

우리 민이에게 PD라는 꿈이 민이에게 가끔 하루의 스트레스 해소로 취한 것이 많다는 것을 통 나니
그것도 마음이 아팠지만 그래도 PD라 관심이 데 저렇게 뚜렷하고 그 안에서 보람을 찾을 줄 아는 것 같아서
우리 민이가 대견하구나. 잘 자랄게 우리 민이

이제 1년 남짓이면 우리 민이가 또 다른 세상을 향해 큰 발을 내딛을 텐데 그 학발도 귀해서
남은 1년 준비 잘하고 세상에 나가서도 지금처럼 잘 해나가길 빈다. 힘들면 언제 든지
엄마에게 와서 투정도 부리고, 그래도 되니까, 너무 두려워 하지말고 세상을 향해 네 뜻을
펼치며 살아가길 바래. 엄마 아빠는 항상 네 편이란다.

민아. 사랑해.

24. 1. 29. 엄마가.

To. 내가 세상에서 제일 사랑하는 엄마

엄마, 안녕! 나 첫째 딸, 민이야.

엄마가 쓴 글을 읽고, 내가 알지 못했던 엄마에 대한 이야기들과 엄마의 속마음을 알 수 있어서 좋았어.

엄마가 학생일 때, 천문학에 관심이 있었는지는 전혀 몰랐는데, 지금 생각해보니까 어릴 때, 엄마랑 같이 천문대에 갔었던 기억이 나네.

나도 이제 고3이라 좀 있으면 엄마의 곁을 떠나 홀로서기를 해야하는데, 내가 벌써 고3이라는 생각에 막막하다. 과연 내가 엄마의 곁을 떠나 혼자 잘 살 수 있을까라는 생각도 들고.. 엄마도 이런 시기가 있었겠지?

아무튼 엄마가 쓴 글을 읽고, 엄마가 '교사'라는 꿈을 꾸게 된 이유를 알게 되었네. IMF로 인해 교대를 가지 못한 것과 그로 인해 물리치료과에 들어갔던 것도. 엄마의 삶도 마냥 순탄하지 않았다는 것을 알게 되었어. 엄마의 삶에 많은 방해물들이 있었구나라는 생각도 했고.

나는 엄마한테 항상 고마웠어. 내가 하고 싶다고 하는 것은 다 해주고, 혹시 말을 못하고 있는 것은 아닐까, 이거 할래? 저거 할래? 이건 어때? 라고 먼저 물어봐줘서. 그것에 할아버지의 영향이 있다는 것을 알게 된 후, 엄마에게 미안해어. 혹여나 엄마가 나를 너무 일찍 만나 성인이 되고난 후에도 하고 싶었던 것들을 자제했나라는 생각에. 그리고 우리가 원하는 것만 해주고 엄마가 하고 싶은 건 정작 하지 못하고 있는 건 아닐까, 하고 싶은 것들을 마음 속으로만 생각하며 참고, 삭히고 있는 것은 아닐까. 그러니까 우리 삼남매가 모두 성인이 되면, 엄마가 하고 싶었던 거 늦게라도 하나하나 도장깨기 하듯이 했으면 좋겠어. 그때는 도움이 필요하면 내가 도와줄게. 엄마가 나를 키우기 위해 노력하고, 나를 도와줬던 것처럼.

엄마, 내가 사랑하고, 미안해. 앞으로 건강하게 오래오래 행복한 삶 살자!

2024.01.30

엄마의 첫째 딸, 민이가

깨끗하고 아늑한 시선을 유난히 좋아하던 우현이가
기독사 학교인 판산고를 간다고 했을때 걱정이 많이 되었다.
조금의 불편함에도 쉽게 짜증을 내는 아이라고 생각했는데
죽은 보니 나니 많이 놀랐다.

네가 생각했던 아이보다 훨씬 어른스러운 모습에 엔시
부듯함도 생겼다. 가끔 시선이 대고 역약하지만 환경에
적응하고 긍정적으로 적응하는 모습이 자랑스럽다.

자금 꿈이 없다는 너의 말이 사실은 아빠도 고등학교때는
꿈이 없었단다. 자금 가슴뛰는 꿈이 없다고 너가 부족하거나
능력이 없다는 것은 전혀 아니야. 자신에게 크게 부끄럽지
않게 살다보면 너도 하고픈 일들이 생길꺼야.
아빠가 자주 이야기 하는 " 살다보면 언젠가 너가 선택하는
날이 올꺼야. 선택할 수 있는 능력이 있으면 그 자체가
성공한 인생이다 " 라는 말 기억하지?
아들아! 자금 꿈을 갖지 않아도 된다. 자금을 즐기다 보면
언젠가 너가 선택할 꿈들이 나타날꺼야. 응원한다 아들아~

엄마의 뻔한 타법. 아빠의 직설적인 태법의 이떼는드
추억으로 계속 간직하겠. 크게 변하 되지 않을것 걸게.

아들아!
하고 픈 일, 걱정많이 도전해라. 실패도, 성공도 경험이다.
경험이 풍부한 웃음과 건강이 함께 한 아들이 되길 바란다.
나의 아들 우현아. 자금도. 미래도 덕분에 행복하다. 사랑해 아들!

안녕? 손 편지는 정말 오랜만에 써 보는 것 같아. 되게 어색하면서도, 떨리네.

돌이켜 생각해 보니, 중학생 ~ 초등학교 고학년 때 내 짜증이 큰 이유 없이 자주 발생했던 것 같아. 엄마 아빠가 악의 없이 한 말인지 잘 알면서도, 왜 그런 말들 강조해서 하는지 뻔히 알면서도 그냥 잔소리 꼰대라고만 받아들여서 많이 싸우기도, 공격적이고 매서운 태도로 반응하기도 했던 것 같아 후회가 좀 된다. 쑥스러워 전하진 못하고 있었는데, 이번 기회를 통해 간접적으로나마 말하게 되어 좋네.

아빠 편지의 마지막 말 처럼, 더 많은 시간과 공감을 통해 더욱 행복하고, 더 좋은. 남 부럽지 않은 부모-자식 관계를 유지하기 위해 서로 노력가자!

사랑하는 내 딸 꾸물이에게

그동안 얼마나 힘들었니?

엄마의 이야기들 참 많이 힘들라고 느꼈는데 네가 그렇게

힘들었다니 마음이 아팠단다.

혼자서 견뎌왔을 시간을 떠올리니…

그렇지만 네가 그 시간을 잘 견뎌내서 고맙기도 하구나.

이제는 혼자서 고민하거나 하지말고 우리 함께 더 많은

이야기들 하자꾸나.

네가 힘들었을지 미쳐 나는 사랑했고 너도 당당해졌어.

너는 엄마딸로 태어나 너는 언어학중이라는 생각을 해

뿌듯하기도 하고.

사실 엄마는 예민 너에게 카톡을 놓는 시간이 행복하다.

너에게 어떤 글이 힘들 너에게 도움이 될까니,

어떤 응원이 너에게 위로를 줄 수 있을지.

누가 그렇게 이야기를 하거나 친구들을 너에게 오면 카톡을

떡어줄 한 줄이 되어 지켜 되길바라 그 언제 엄마는

너를 사랑한단다.

때로는 웃는 감정을 그러나 웃는 척 너에게 반말처럼

밝지만 그리 엄마도 이해해주렴.

우리는 앞으로 더 많은 이야기와 여행을 통해 우리의

관계는 더 당당해 이루어가자꾸나.

엄마는 늘 기도한단다. "너 ─ 이에게 잔 허받을수 없는 딸

엄마는 항상 널 믿고 있고 주세요"

너는 용유하더라 why?   ♡   ♡

너는 나의 영자빵짝 빛나는 나의 인숙한 떤어나는

사랑한란다 꾸을아 ♡   "엄마가"

TO. 사랑하는 엄마 💕

안녕 엄마 😊 이렇게 편지로 내 마음을 전하는 것도 오랜만이네.

오늘 이렇게 편지를 쓰게 된 이유는 그동안 전하지 못했던 속마음을 전하기 위해서야.
물론, 엄마의 출판 읽고 말이지.
일단, 나는 지금까지 엄마가 완전 타인 타인의 사랑인줄로 알았는데 ⌐ 빛고 궁정적인!

그건 엄마에게도 무조건 남에게 맞춰주려하고, 사람들의 시선을 의식하는 또 다른 면이
있다는 것을─ 이제야 알게 되었어.

이때까지 나는 엄마를 '나의 엄마'로써 대했지, '이정미' 라는 ' 한 사람으로써
대하지 못했던 것같아.

엄마가 나에게 꾸중을 하거나, 화를 내면 어 그런지 이때가 오는 되지 않았고,
엄마 또한 울면서 다 엄마 잘못이라고 생각하기도 했어.

그런데, 엄마의 출판을 통해서 '사랑받기 위해서 무조건 잘해야 한다'는 으로 낸
강박때문에, 엄마의 상처를 나에게 남기고 싶었다는 것것을 보고 이제야
알게되었어.

'아, 엄마도 상처 받은 아이 였던 시절이 있었구나.' 그리고 '그 상처의 흔적가
아직 사라지지 않았구나.' 라는 점을 말이야.

엄마도, '엄마'가 처음으로 준비되지 않은 체 나로 만나게 되었을 탄데
                           온전히
나에게 너무 받쳐주기를 바라려는 원했던 것같아.

얼마, 많이 힘들었겠? 그런데, 그런 속이야기를 나에게 다 털어놓지
못하는 답답함도 있었을거고.. 지금까지 엄마에 대해서 알려고, 엄마의 아픔같은
안려고 노력하지 못해서 미안해.

앞으로는 우리 서로 대화(유쾌하고 진솔한)를 지속해서, 묵혀지는 감정 후로 지나가고 감정이
없도록 노력해보자. 그리고, 너 그랬던 것처럼 서로가 꿈을 응원해주기 !!
그럼 이만 줄 줄일게. "언제나 변치 않을 엄마, 이대림!!"
                                                      From. 주은 💕

진아야 고맙다.

많이 상처 받고 또 많이 아파했구나.

아빠가 생각 했던 것보다 더 그랬구나. 힘들었겠다

그 어려움을 견뎌내고 이렇게 살아내고 있구나.

울기도 하고 또 화를 내기도 하면서

괜찮아. 울수도 있어.

그 어려움 속에서도 기어이 자신을 사랑하는

방법을 찾아내고 꿈을 꾸고 있구나.

또 그 사랑으로 진아의 세계를 만들어 가고 있구나

장하다. 보기 좋다.

아빠는 진아의 세계가 앞으로 어떤 모습일지

너무 궁금하다.

슬픔과 기쁨이, 실패와 성공이, 또 아주 소소한

이야기 거리도 있을거야. 재미있겠다.

아빠를 초대해 줘. 언제든. 고기 사 갈게.

아빠가 진아를 사랑한다   아빠가.

To. 내가 가장 존경하는 분들께

안녕? 난 엄마아빠가 결혼해서 7년만에 얻은 귀한 첫째 딸 진아야!
엄마아빠한테 손편지는 초등학교 2학년 때 이후로 처음이라 느낌이 새로워
그렇게 어리던, 성인이 될 날이 아득하게만 느껴졌었는데...
눈 깜박할 사이에 3년밖에 남지않은 어엿한 고등학교 2학년이 되었네
요즘 하루하루 오늘이 무슨 요일인지도 모를만큼 바쁘게 살아가며 서로
대화하는 시간이 없어졌었는데, 그만큼 고마운 일도 다 당연한거라고 여기며
살았던것 같기도해..
표현을 잘 못하는 딸이어서 많이 무뚝뚝해 보일지도 몰라.
나도모르게 엄마아빠한테 상처도 많이 줬겠지
그래도 난 마음처럼 되지 않아도 계속해서 노력하고 있어.
자꾸부터 엄마아빠에게 하고싶었던 말을 여기에서라도 해보려고 해.
나의 못난 모습까지 넓은 마음으로 안아주고, 많이 사랑해줘서 고마워
아무도 몰라주는 나의 작은 노력까지도 다 알아주고 지지하고 응원해줘서 고마워.
나에 대해 더 많은걸 알고싶어도 나를위해 참아주는 것도 오아서.
나도 많이 사랑해.
나도 앞으론 속 안썩이고 말 잘듣는 그런 딸이 될게.

From. 세상에서 가장 멋있는 부모님의 딸
진아가.

엄마 작가 이순주

세상 무엇보다 소중하고 사랑스런 채은아 ♡

엄마는 채은이랑 얘기를 많이 나누는 편이라 채은이의 기숙사 적응과
새로운 친구. 학교 생활에 대해서 꽤 많이 알고 있다고 생각해.
그런데 글로 쓰인 네 마음과 생각을 읽으니 내가 알고있는 채은이 보다
부쩍 커버린듯한 느낌을 받았어. 언제 이렇게 자랐을까?
채은아. 낯설고 많이 힘들었을텐데 적응하고 견뎌내느라 애썼어 내딸.
어느새 채은이가 고3가 됐네.
원하는 대학과 학과에 가려면 신경 쓰이는것도 많을거야.
성적 뿐만 아니라 원하는 학과에 맞는 여러가지 활동도 해야겠지.
엄마가 도와 줄 수 있는건 한계가 있어 안타깝나.
하지만 우리 채은이는 현명하니까 고비가 생길때마다 잘 넘길수 있을거야.
요즘 학생들 참 힘들다 그지?
공부만 해서는 안되는 그런 입시를 봐야하니까. 우리딸 화이팅!
대학에 들어가더라도 생각이 달라지거나 새로운 것에 관심이 생긴다면
네가 원하는 걸 우선해서 하렴. 사람이기에 원하는 일이 바뀔수 있으니까.
그러니. 너무 조급하게 생각하지 않았으면 해. 엄마는 네가 좋은 대학에
들어 가는 것 좋지만. 힘들어서 퍼져 버리는 그런 상황은 바라지 않아.
세상에는 무수히 많은 삶과 직업들이 있단다. 주변을 둘러 보렴.
어떻게든 다들 잘 살아가고 있잖니?
채은이는 마음이 따뜻하고 다정해서 행복하게 잘 살거야.
그리고 네 곁에는 든든한 언니. 오빠가 있잖아. 물론 언제나 널 사랑하는 나도.
채은이가 우리집 막둥이로 태어나 줘서 정말 정말 고마워.
언제나. 어느 순간이든 항상 널 사랑해 채은아.
우리 채은이 행복하게 살자 ~ ♡

♡ ＼ 내 목숨보다 소중하고 귀중한 채은이에게 ～

시골에서 뛰어 놀던 엄마의 유년 시절
모든 게 낯설었을, 그러나 즐거웠을
엄마의 대구 생활
그 소중한, 그리고 아름다운 순간순간이 모여
만들어진 엄마의 오늘을

항상 사랑해요 ♡
엄마의 새로운 꿈과 삶을
언제나 지지하고, 응원해요 !!!

제게 인생을 선물해주셔서
감사합니다 ☺
포기 안하려, 포기해버린
당신의 젊음을
어떻게 보답할 수 있을까요?
조금만 더 성장해서
앞으로의 당신의 창혼에
꽃길을 깔아드릴게요   _ 채은 드림 -